Ryszard Kapuściński

LAPIDARIUM III

RYSZARD KAPUŚCIŃSKI

LAPIDARIUM III

Czytelnik · Warszawa
1997

Oklejkę i kartę tytułową projektował
Andrzej Heidrich

ISBN 83-07-02569-9

Pisać to tyle, co wybierać i przemil-
czać. W dzienniku, podobnie jak w
wierszu, można sobie pozwolić na dłu-
gą chwilę ciszy, na urwanie w pół słowa. Piszący jest zwolniony od wszystkich przejść, wprowadzeń, od całej tej
tkanki łącznej, którą tak długo trzeba
przygotowywać, wyrabiać jak ciasto.

Jean Guitton

Nie istnieje pełne przedstawienie rzeczywistości. Tylko wybór.

Pär Lagerkvist

Neapol

Wszędzie tłumy Japończyków. O ile tłum amerykański, francuski czy brazylijski jest pod względem koloru skóry, wieku itd. różnorodny, o tyle tłum Japończyków jest z wyglądu wyłącznie japoński. Ani razu nie widziałem, żeby między Japończyków wkradł się jakiś nic-Japończyk. Poruszają się autobusami, zawsze w grupie. Słuchają pilnie, co mówi przewodniczka. Śledzą jej rękę wskazującą a to pomniki, a to pałace. Nie można wyczytać z twarzy, czy ich to ciekawi, czy nudzi.

Wszyscy wszystko fotografują. Także – wszyscy wszystkich (tj. wszystkich znajdujących się w pobliżu Japończyków). Jeżeli w tle jest Wezuwiusz, to na tle Wezuwiusza, jeżeli katakumby – na tle katakumb, jeżeli klasztor – na tle klasztoru. Z tłumu Japończyków dobiega szum pstrykających aparatów, jakby nad wycieczką brzęczał pszczeli rój. Jeżeli wziąć pod uwagę, że w tym czasie, kiedy setki turystów japońskich fotografują Neapol, tysiące i tysiące innych Japończyków fotografują non stop, całą dobę (różnice czasu na naszej planecie!) Łuk Triumfalny w Paryżu, piramidy pod Kairem, State Empire Building w Nowym Jorku, katedrę w Mediola-

7

nie, gmach opery w Sydney, ruiny w Zimbabwe, szczyt Machu-Picchu w Peru itd., itd. (bo liczba rzeczy wartych na tym świecie sfotografowania jest nieskończona), otóż jeżeli uwzględni się to wszystko i jeszcze pomyśli, że Japończycy chcą wszędzie tam docierać, żeby sobie na tle tych zabytków i wszelkich innych cudów i niezwykłości zrobić zdjęcie – możemy wyobrazić sobie, jakie skrzynie, tony i góry nie wywołanych filmów lecą (płyną) bez przerwy do Japonii i jak po ich wywołaniu, odbiciu i powiększeniu przestrzeń tego małego przecież kraju wyolbrzymia się w całą planetę, w Planetę-Japonię, w cały świat, ze wszystkimi kontynentami, ze wszystkimi krajami i miastami wypełnionymi Japończykami, którzy uchwyceni na tle jakichś wulkanów, wodospadów, zamków i kościołów patrzą na nas z milionów fotografii.

Capri

Statki jeden za drugim dopływają do portu. Wysiadają kolejne wycieczki. Tworzy się tłum, procesja, która wyrusza z molo i wciska się w wąskie uliczki miasteczka. Cicha dotąd wyspa (jest rano) wypełnia się szybko gwarem. Ale nie z tego powodu, że turyści rozmawiają ze sobą, nie! Robi się głośno, ponieważ zaraz po wyjściu na ląd turyści wyjmują z kieszeni, z toreb, z teczek i plecaków słuchawki telefonów komórkowych i zaczynają rozmawiać z Lizboną i Genewą, z Filadelfią i Melbourne, triumfalnie informując, że oto właśnie wylądowali na Capri, że są na Capri, że widzą domy, góry i skały, ogrody i plantacje, słońce i morze, że czują się świetnie, że zaraz będą jedli obiad (albo – to po południu – że właśnie zjedli obiad), że kupili koszulkę z napisem „Capri", że za trzy godziny (za dwie, za jedną, za kwadrans, za chwilę) odpłyną z Capri itd., itd.

To pustosłowie, to nieopanowane gadulstwo, to tokowanie i ekscytacja toczą się godzinami przez wyspę zalewając jej uliczki i zaułki chaotyczną, natrętną, różnojęzyczną wrzawą.

Capri: Przepaść Tyberiusza

Idzie się tam pod górę, między skałami, krzewami cytryn, ogrodami i willami w kwiatach szeroką ścieżką wykutą przez rzymskich niewolników dwa tysiące lat temu. Kto ma kłopoty z sercem musi często przystawać, bo droga jest długa i stroma – brakuje tchu.

Ale oto jesteśmy u celu. Wierzchołek wielkiej góry wieńczą okazałe budowle, różnych kształtów i jakości, połączone przejściami, korytarzami, schodami i krużgankami – zawiła jest architektura tego zrujnowanego kompleksu. Na samym szczycie stoi imponująca rozmachem i okazałością willa (pałac?) Tyberiusza. Tutaj przez ostatnie jedenaście lat swojego życia (w latach 26- -37 naszej ery) miał swoją siedzibę cesarz największego wówczas imperium świata – Tiberius Claudius Nero. Za jego panowania, na wschodnich rubieżach jego państwa, żył, nauczał, a potem został ukrzyżowany Jezus Chrystus.

Z willi Tyberiusza rozciąga się jeden z najpiękniejszych widoków na ziemi, widoków słonecznych, śródziemnomorskich. Morze jest seledynowe, a dalej, za fioletową mgiełką widać linię włoskiego brzegu. Nic tu nie ogranicza człowieka i ponieważ patrząc stąd, świat zdaje się nie mieć końca, i my poddajemy się złudzeniu, że oto dotykamy wieczności.

Nie dziw, że spośród tysiąca możliwości Tyberiusz to właśnie obrał miejsce. Budził się rano i wychodził na dwór. Dziedziniec przedpałacowy jest niewielki. Nie mógł być większy, bo ten dziedziniec zaraz, po kilkunastu krokach kończy się przepaścią. Opieram się o metalową barierkę i spoglądam w dół: kręci mi się w głowie,

9

nogi słabną, robią się jak z waty – jest to przepaść straszna: ściana skały prostopadle spada kilkanaście pięter w dół – do morza. Kołysząca się tam łódka wygląda jak mała łupinka. Ta zawrotna przepaść niemal tuż przy wyjściu z willi cesarza zaczyna mnie intrygować. Bo trzeba uświadomić sobie, co działo się w tym miejscu w czasach Tyberiusza. Kiedy cesarz zamieszkał tu, miał 67 lat. W młodości wysoki, postawny, piękny, był już zniszczony latami wojaczki, dalekich wypraw, intryg i spisków pałacowych. Capri było dla niego rodzajem azylu. Ale tu, w miejscu idealnego odosobnienia, rozwinęły się w nim cechy, którymi już wcześniej się odznaczał: nieufności i podejrzliwości wobec ludzi i panicznego strachu przed złymi duchami.

Portret Tyberiusza jest jednym z najbardziej wyrazistych wizerunków w *Żywotach cezarów* Swetoniusza. Tyberiusza – pisze rzymski historyk – cechowały okrucieństwo i rozpusta. Ostatnie, właśnie spędzone na Capri lata jego panowania to okres straszliwego terroru, ścinania głów na podstawie najbardziej absurdalnych donosów. Więzienia były pełne, tortury – stosowane powszechnie. Skazańców wleczono hakami na miejsce kaźni. O miejscu, w którym stoję, pisał Swetoniusz, że „stąd skazańców po długich i wymyślnych męczarniach kazał Tyberiusz w swojej obecności zrzucać do morza. Tam oczekiwała ich gromada marynarzy i drągami albo wiosłami miażdżyła trupy, aby w nich ani tchnienia życia nie zostało".

Tak się lubował w okrucieństwie i zadawaniu śmierci, że „żaden dzień nie minął mu bez zgładzenia człowieka". Czas upływał mu na zadawaniu tortur i uprawianiu seksu: „W zaciszu wyspy Capri – relacjonuje Swetoniusz – wymyślił urządzenie apartamentu pełnego sof jako miejsca tajemnych stosunków miłosnych, dokąd ściągnięci tłumnie zewsząd chłopcy rozpustni i dziewczęta oraz wynalazcy potwornego stosunku, których nazywał «spintriami», spleceni w potrójnym uścisku nawzajem się sobie oddawali, aby podniecać tym widokiem jego otępiałe zmysły". A dalej: „Zniesławił się jeszcze bardziej rozpustnymi i obrzydliwymi czynami, których nie godzi się nawet opowiadać lub słuchać, cóż dopiero uwierzyć w ich prawdziwość. Mianowicie jakoby miał nauczyć chłopców, pacholęta zaledwie, których nazywał rybkami, aby w czasie jego kąpieli krążyli mu między udami i nieznacznie podpływając podniecali go językiem lub ugryzieniem. Również jakoby kazał przykładać sobie do członka męskiego lub do brodawki piersiowej nieco starsze niemowlęta, jednak nie odstawione jeszcze od piersi, szczególnie skłonny do tego rodzaju rozkoszy z natury i ze względu na wiek".

Więc to jest ta willa, ten pusty basen, ten dziedziniec, ta przepaść. Przepaść – wszystko się dzieje nad przepaścią. Tyberiusz często się tędy przechadza, staje na jej skraju. Tu, znienawidzony przez wszystkich, „żłopie krew – jak pisze Swetoniusz – pieniącą się jak wino w czarze". Trwa to jedenaście lat. Tu, stojąc nad tą samą przepaścią, nie mogę uwolnić się od pytania: jak to? I nie znalazł się nikt? Wystarczyło lekkie pchnięcie. Właściwie wystarczyło dotknąć.

Ale czy można zadawać takie pytanie? Czy wolno? I ta tajemnica spętania wszystkich wobec przemocy. Ten paraliż, jaki powoduje terror, który obezwładnia swoje ofiary, jak czyni to jad kobry, zanim rzuci się na swoją ofiarę – już kiedy jest bezsilna?

Kordoba

Wchodzi się tam w chłodny, kamienny półmrok znaczony równymi rzędami marmurowych kolumn. Nad nami wznosi się w regularnych, misternych rytmach sklepienie o tak doskonałej lekkości, że za chwilę mogłoby unieść się i odsłonić niebo rozżarzone o tej porze dnia i roku do białości. We wnętrzu panuje jednak chłód z wolna przywracający naszemu ciału, umęczonemu spiekotą miasta, energię i siłę. Stoimy pośród tej nieomylnie muzułmańskiej architektury, mimowolnie oczekując przeciągłych wołań muezina, wzywających nas do skupienia i modlitwy. Tymczasem głos, który nas dobiega jest inny – to muzyka organów. To melodia fugi Jana Sebastiana wypełnia otaczające nas mury zdobne w zawiłe arabeski i starannie wypisane wersety Koranu.

Zaskoczeni, zaczynamy szukać źródła tej muzyki. Ruszamy tam, skąd ona dochodzi. Idziemy przez las kolumn, na których wspiera się sklepienie meczetu. Niezwykłe są te kolumny. Przez ponad 500 lat meczet w Kordobie był miejscem modlitwy muzułmanów z całego świata (był drugą po Kaabie w Mekce największą świątynią islamu). Miliony wiernych (miliony – wtedy kiedy

12

było tak mało ludzi na świecie!) musiało klęczeć na tych posadzkach. Szli tu przez pustynie, płynęli przez morza, w pielgrzymkach, które zajmowały im nieraz połowę życia. Meczet, którego budowę w Kordobie – po zajęciu Andaluzji przez Arabów – zaczął jeszcze w VIII wieku Abd-al-Rahman, był świętym celem tych uciążliwych peregrynacji. Kiedy kończyła się nabożna podróż, pielgrzymi wchodzili wreszcie do meczetu, przejęci i szczęśliwi, z wdzięczności obejmowali i całowali kamienne filary świątyni. Ślady tych praktyk są widoczne do dziś: żarliwe pocałunki i pieszczotliwe pocierania kamienia dłońmi wyżłobiły wyraźne wgłębienia w masywnych kolumnach. Ued – to wyschnięte, głębokie łożysko strumienia, który płynął kiedyś przez pustynię. Jest ono jedynym śladem, że kiedyś płynęła tędy woda. Podobnie owe żłobienia na kolumnach są jedynym znakiem, że przez pięć wieków płynęła tędy wezbrana rzeka pielgrzymów – wyznawców Allaha.

W 1236 roku król Kastylii, katolik, a później nawet święty, Ferdynand III, zwycięża Arabów, zajmuje Kordobę i przede wszystkim przemienia meczet w świątynię katolicką, w kościół Wniebowzięcia Najświętszej Marii Panny. Być może wzgląd techniczny zdecydował, że Ferdynand pozostawił obiekt muzułmański nietknięty, wykorzystując go jako kościół: meczet kordobański jest budowlą gigantyczną, o powierzchni niemal równej, o sześćset lat przecież starszej, Bazylice Świętego Piotra. Meczet ten budowali Arabowie przez 200 lat. Ich technika była dużo wyższa od techniki chrześcijan. Ci ostatni nie mieli środków, aby zburzyć taką budowlę.

Wewnątrz meczetu, w jego części centralnej zbudowano więc ołtarz i kazalnicę, postawiono fotele dla biskupów, ławki dla wiernych. Przez wieki regularnie odprawia się tu msze. Głos księdza roznosi się po całym meczecie. Słychać chór śpiewający Ave Maria!

Po wyjściu, od razu wstępuje się w żar tropikalnego

południa, którego ciężka zawiesina wypełnia pobliskie uliczki starego miasta. Na jednej z nich stoi pomnik wielkiego Maimonidesa. Genialny uczony, lekarz, teolog i filozof – Rabbi Mosze ben Majmon, zwany Maimonidesem urodził się tu w marcu 1135 roku. Bardzo źle pisał o miastach w tamtej epoce: „Porównać powietrze w miastach – notował w swoich *Zasadach higieny* – z powietrzem pustyń i pól, to jakby porównać wody brudne i mętne z lekkimi falami czystego morza. W miastach domy są wielkie, a uliczki wąskie. Na te uliczki ludzie wyrzucają wszystko: śmieci, swoich zmarłych, odchody zwierząt, zaśmierdziałą żywność. W rezultacie powietrze jest cuchnące, brudne, wilgotne i duszne. I tym wszystkim człowiek musi oddychać”.

A jednak, kiedy Maimonides musiał opuścić Kordobę, płakał.

Sevilla

Duże, ruchliwe miasto. Katedra – porażająca ogromem. Wchodzi się oślepionym przez słońce w mrok, w ciemność, w przepastną czerń. Z wolna z tej ciemności zaczynają wyłaniać się witraże, nawy, sklepienia. Potem dostrzegamy ludzi – ale jakież to miniaturki, jaki drobiazg – niepokaźny, filigranowy. Wielkość tych budowli miała efekt psychologiczny – te wyniosłe, przygniatające giganty redukowały nas do rozmiarów ziarnka piasku, drobnego pyłku uczepionego szaty Pana.

Alhambra

Arabowie kochali się w abstrakcji i w jej najwyższym przedstawieniu – w geometrii. Tu też, w tych pałacach, gdzie spojrzeć – mozaiki ułożone w linie, koła, trójkąty, kwadraty. Rysunek geometryczny – jakby otwierał przed nami świat, ale to złudzenie, bo przecież on jest kresem, tym właśnie światem.

Wszędzie rośliny, kwiaty, cień i woda. Na dziedzińcach, w patio, w altanach szum wody, sam ten dźwięk orzeźwia, chłodzi – muzyka jako przychylność, jako przynoszący ulgę cień.

Philippe Sollers, dla którego rozwój w historii nie jest procesem linearnym, ciągłym: „Historia podobna jest do archeologii, poszczególne epoki są niby nakładające się na siebie warstwy ziemi. Każda z nich stanowi mniej lub bardziej zamkniętą strukturę, którą można zrozumieć na tyle, na ile uchwyci się jej ograniczenia. Tak pojmowaną historię cechuje nie ciągłość, lecz nieustannie powtarzające się zerwania i skoki... każda epoka ma sobie tylko właściwy język, w pełni zrozumiały jedynie w jej obrębie" (*Zapis i doświadczenie ograniczeń*, 1971).

Często w badaniu i w opisie rzeczywistości ludzie popełniają błąd myląc dwa porządki: stan istniejący oraz – tendencję. Tendencja bowiem może na razie ledwie się zaznaczać, ledwie pojawiać się, ale to ona jest zapowiedzią siły, która w przyszłości zdobędzie pozycje dominujące. Mamy tu dwa widzenia – jedno statyczne, drugie – dynamiczne, a problem polega na znalezieniu proporcji między tym, co dziś niepodzielnie panuje, a tym, co dopiero przebija się na powierzchnię.

Najbardziej fascynujące są momenty irracjonalne w historii. Bunty, wybuchy zbiorowych emocji, szał zniszczenia, erupcje samozagłady. Ich zaskakujące przyczyny. Często – błahość powodu. Nagłe wyzwolenie potężnych energii. I jak wszystko wraca w stare łożysko, jak nurt staje się powolny, a przez płytką wodę znowu prześwituje piaszczyste dno.

Dewaluacja dat, nazwisk, danych, relacji. W narastającym i gęstniejącym potoku informacji wszystko się zaciera, traci znaczenie, wypada z pamięci.

Nie ma jednej pamięci. Każda pamięć pamięta co innego i pamięta inaczej. Znaczny jest bowiem wpływ naszych świadomych i podświadomych preferencji i pragnień na mechanizmy selekcji, które rządzą pamięcią. Czasem, zwłaszcza w polityce, wojna toczy się między różnymi pamięciami o panowanie, o monopol jednej z nich.

Historia, którą znamy, to zapis bardzo późnych stadiów rozwoju człowieka.

Coraz trudniej przewidzieć przyszłość, natomiast coraz lepsze wyniki przynosi nam odkrywanie przeszłości. Zdumiewające, jak dzięki najnowszym technikom i badaniom moment pojawienia się człowieka twórczego, człowieka artysty, przesuwa się coraz głębiej w przeszłość.

Jeszcze na początku XX wieku sądzono, że zdolności artystyczne były w człowieku wynikiem długiego procesu ewolucji, który zaczął dawać pomyślne rezultaty zaledwie kilka tysiącleci temu (Mezopotamia, Sumer, Elam, Ur, Egipt itd.). Potem odkrycia malowideł naskalnych w grotach Altamiry (Hiszpania), w Lascaux (Francja), w górach Tassili na Saharze pozwoliły cofnąć chwi-

16

lę pojawienia się człowieka-artysty w głąb paleolitu – a więc na kilkanaście tysięcy lat przed nami.

Kolejnym punktem zwrotnym są lata obecne, ostatnie lata XX wieku. W grudniu 1994 francuski badacz Jean--Marie Chauvet trafia w pobliżu ujścia Renu na jaskinię, w której znalazł, jak to natychmiast uznano – najstarsze malowidło świata, bo mające około 32 tysięcy lat. Wydany wkrótce potem album fotografii tych rysunków, nosi tytuł: *Świt sztuki: Jaskinia Chauveta. Najstarsze malowidła świata.* Ledwie jednak album Chauveta pojawił się w księgarniach Paryża, a później Nowego Jorku i Londynu, a już świat obiegła wiadomość, że w innej części naszej planety – w Australii – odkryto znacznie, znacznie wcześniejsze ślady sztuki. A mianowicie Richard Fullagar i grupa australijskich archeologów znaleźli w północno-zachodniej Australii wykute w skałach sylwetki zwierząt – kangurów i krokodyli, a także podobizny duchów. Ustalono, że dzieła te powstały 75 tysięcy lat temu, to znaczy, że są co najmniej dwukrotnie starsze niż malowidła z jaskini Chauveta. Ale to nie wszystko, bo jednocześnie znaleziono resztki ochry i narzędzi kamiennych służących do malowania na skałach, mające 116 tysięcy lat, a przy dokładniejszych badaniach ich wiek będzie można określić prawdopodobnie na 176 tysięcy lat.

Oznacza to największą rewolucję w naukach historycznych od czasów Homera i Tukidydesa. Trzeba będzie od nowa pisać zupełnie inną, niż wszystkie dotychczasowe, historię rodzaju ludzkiego, historię świata.

Ale paradoks nauki polega na tym, że im więcej odkryć, tym więcej pytań, im więcej mamy danych, tym więcej napotykamy niewiadomych.

Hipotezą rozpowszechnioną w nauce jest, że homo sapiens, to znaczy – my, nasz gatunek, wyodrębnia się spośród świata homo erectus około 200 tysięcy lat temu. Za kryterium przynależności do tego nowego rodzaju przyjęto umiejętność świadomego wytwarzania narzędzi. Ostatnie odkrycia, tak dramatycznie przesuwając wstecz działalność artystyczną człowieka, pozwalają sformułować nową, hipotetyczną definicję: człowiekiem był ten, kto nie tylko umiał zrobić narzędzie, ale także stworzyć – dzięki swojej wyobraźni i wrażliwości – dzieła sztuki. A więc chodziło nie tylko o to, aby przetrwać, ale żeby żyć w pięknie, w świecie, w którym istniały nie tylko potrzeby ciała, ale i wymogi ducha. A więc pierwsze, najbardziej podstawowe kryterium człowieka: twórca, nie tylko wytwórca.

Ten, który nie samym chlebem żyje.

Drugie, co uderza, kiedy śledzimy dokonania artystyczne naszych praprzodków: że ta sztuka jest od razu doskonała. Żadnych ogniw pośrednich, żadnej ewolucji od prymitywu do wyrafinowania – od zarania jest to wspaniałe, wielkie. Tak więc od początku sztuka powstawała (tak jak jest i dziś z każdym jej wielkim dziełem) – z iskry, z natchnienia, z momentu olśnienia, z wizji tak nagłej i ulotnej jak światło błyskawicy. W gruncie rzeczy nikt nie poprzedzał Szekspira, Mozarta i Boscha, tak jak nikt nie poprzedzał twórców z Altamiry, z Sahary i Australii.

I pytanie najtrudniejsze: ta zdumiewająca cisza dziesiątków tysięcy lat. Bo w 1996 roku odkryto najstarsze ślady pisma. Znajdują się w Syrii, koło Jerf el-Ahmar i mają 10 tysięcy lat. Ale przed tym? Co działo się przed tym? Co znaczą te wspaniałe malowidła bizonów, koni, ptaków i ryb? Tych ludzi w dzidami w ręku? Cisza. Milczenie. Tajemnica.

Karol Irzykowski był jednym z nielicznych intelektualistów europejskich, którzy już w latach międzywojennych przewidywali zwycięstwo cywilizacji audiowizualnej. Pisał o tym w wydanej w 1924 roku książce o estetyce kina pt. *Dziesiąta muza*. Widząc nieuchronność tego procesu ostrzegał jednak w 1938 roku: „Prócz świata, największą zagadką dla człowieka jest drugi człowiek, jako szczególne, wielokrotne odbicie i przefiltrowanie tego świata. Dlatego wszelka kultura zmierzająca jedynie do zawładnięcia światem zewnętrznym, na przykład za pomocą pracy, nie wydaje mi się zupełną. Technika komunikacji międzyduchowej ważniejsza jest od techniki kolei magnetycznych i radiotelegrafów" (*Lżejszy kaliber*).

„... i w zimie, i wiosną zajmował miejsce przy piecu patrząc przez okno na starą wieżę Löbenicht. Nie można powiedzieć, że widział ją dokładnie, ale wieża pozostawała przed jego oczami jak daleka muzyka w uchu – nieuchwytnie lub tylko połowicznie docierająca do świadomości. Żadne słowa nie wydają się na tyle mocne, by wyrazić poczucie zadowolenia, jakie dawała mu ta stara wieża widziana w półmroku i podczas zadumy. Przyszłość rzeczywiście pokazała, jak ważna stała się dla jego równowagi. Otóż topole w sąsiednim ogrodzie strzeliły tak wysoko w górę, że zasłoniły wieżę, skutkiem czego Kant stał się niespokojny i zniecierpliwiony, a w końcu uznał się za zupełnie niezdolnego do oddawania się wieczornym medytacjom. Na szczęście właściciel ogrodu był człowiekiem bardzo delikatnym i usłużnym, który miał ponadto wielki szacunek i uznanie dla Kanta. Toteż po przedstawieniu mu sprawy wydał polecenie ścięcia topoli. Uczyniono to i wieża Löbenicht ponownie się wyłoniła. Kant odzyskał spokój umysłu i znowu był w stanie oddawać się w spokoju swym medytacjom o zmierzchu".

Czytając ten fragment *Ostatnich dni Immanuela Kan-*

20

ta Thomasa De Quinceya myślę o tamtym świecie, świecie ładu idealnego, w którym myśl filozofa, aby móc istnieć i rozwijać się, musi znajdować stałe oparcie i potwierdzenie w tym samym widoku, tym samym obrazie świata, który mistrz latami widzi przez okno. Co stałoby się z tą myślą, gdyby Kantowi przyszło żyć w czasach, kiedy w jedną noc kwitnące miasta zmieniały się w sterty ruin albo w ogóle znikały z powierzchni? Myślę też o mieszkańcach Królewca, jak chodzą na palcach i wstrzymują oddech, kiedy Kant medytuje. Jak jeden z nich każe ściąć drzewa w swoim ogrodzie, kiedy dowiaduje się, że ich widok przeszkadza profesorowi w rozmyślaniach. I na koniec myślę o tym czołgiście z 3 Frontu Białoruskiego, który odpalając działo wymierzone w wieżę Löbenicht kładzie na zawsze kres tamtemu cudownemu światu.

W ostatnich dniach grudnia 1995 zmarł Emmanuel Levinas. Miał 90 lat.

Filozofia Levinasa to problematyka Innego: Levinas domaga się, abyśmy dostrzegli jego obecność, poczuli się za niego odpowiedzialni. W spotkaniu z drugim człowiekiem jest zawarte etyczne wyzwanie. Więź człowieka z Bogiem realizuje się nie poprzez kosmos, lecz poprzez Innego człowieka.

Levinas krytykuje dziedzictwo Europy: dążenie do totalizacji, do ujednolicania i do myślenia systemowego, w którym ginie różnorodność rzeczy.

Ideologia, każda ideologia, nawet programowo najbardziej antytotalitarna, ma skłonności totalitarne (zdobycia pozycji wyłącznej i panującej). Zdaniem brytyjskiego filozofa Rogera Scrutona, po dwóch ideologiach totalitarnych – faszyzmie i komunizmie, zapanowała dziś epoka totalnego liberalizmu, „w której prawo zabrania nam zabraniania". I dodaje: „Nasze prawo, skrajnie pobłażliwe dla czyniących zło, jest bezlitosne dla ludzi, którzy próbują mu zapobiec" („The Wall Street Journal" 13.11.96) .

Bacon z Verulamu (XVI-XVII w.). Życie spędził w Londynie. Jego hasło: „Nie skrzydeł umysłowi ludzkiemu potrzeba, lecz ołowiu".

Nawołuje do zwalczania czterech idoli – „ułud czczonych", które odwodzą umysł z drogi rzetelnego badania na manowce błędu:

1 – idola Tribus – tj. właściwej rodzajowi ludzkiemu skłonności do złudzeń,

2 – idola Specus – tj. urojeń powstałych skutkiem wpływów wychowawczych,

3 – idola Theatri – tj. panujących w środowisku tradycyjnych uprzedzeń,

4 – idola Fori – tj. podszeptów języka, którego wyrazy stały się źródłem jałowych sporów i czczych wymysłów.

25.11.96

Spotkanie z filozofem Jerzym Łozińskim. Przyniósł mi w prezencie VI tom *Historii filozofii* Fredericka Coplestona w swoim przekładzie. Łoziński mówi, że myśl filozoficzna rozwija się dziś poza filozofią akademicką, która drepcze w miejscu. Nowymi filozofami nie są profesjonalni filozofowie. A jednak ich zaskakujące książki pobudzają do najżywszej refleksji – właśnie filozoficznej. Daje przykład *Boskiej cząstki* Ledermana i Teresiego. Dla mnie tego typu literaturą jest *The Full House* – Stephena J. Goulda, *Trzeci szympans* Jareda Diamonda czy *Infinite in All Directions* Freemana Dysona. Słowem

– biologia, fizyka, antropologia, historia – szeroko pojęte.

Amerykański paleontolog z Uniwersytetu Harvarda – Stephen Jay Gould – zwraca uwagę na cechującą człowieka ambicję budowania systemów: „Nasza potrzeba znalezienia sensu w otaczającej nas złożoności świata i powiązania wszystkiego w całość jest większa niż nasza naturalna ostrożność wobec tak przygniatającego zadania". Gould jest sceptyczny: „Mamy skłonność do budowania systemów ogólnych i wszechobejmujących. Ale może takie systemy nie mogą się sprawdzić. Może w starciu z immanentną złożonością i wieloznacznością naszego miejsca w przyrodzie muszą przegrać?"

Jacob Bronowski. Ewolucja nauki: uwaga przekierowuje się coraz bardziej ze świata fizyki na jednostkę ludzką. „Ośrodek zainteresowań przesunął się od dyscyplin fizycznych ku biologicznym. W rezultacie naukę pociąga coraz bardziej badanie indywidualności" (*Potęga wyobraźni*).

Lesław Hostyński o filozofii Henryka Elzenberga („Pismo" 4/87). Elzenberg rozróżniał dwa rodzaje wartości:
wartość utylitarną i
wartość perfekcyjną.
Wartość utylitarna jest zawsze względna – spełnia ona tylko funkcję użytkową. Natomiast wartość perfekcyjna ma charakter bezwzględny, kieruje się ona jedną zasadą: tak trzeba. W samej wartości perfekcyjnej zawiera się nakaz jej urzeczywistnienia. Dla Elzenberga wartości perfekcyjne są wyższe od utylitarnych.
Podstawowym zadaniem ludzkości jest – według au-

tora *Kłopotu z istnieniem* – realizacja wartości. Dziedziną, w której się ta realizacja dokonuje, jest kultura. Kultura, w definicji Elzenberga, to „suma rzeczy, których stworzenie jest w zakresie możliwości człowieka, a które są rzeczami wartościowymi". Tworzenie kultury to tworzenie wartości, natomiast narzędziem wartościowania jest intuicja.

W napisanym w 1929 roku eseju pt. *Pro domo philosophorum* Henryk Elzenberg skarży się, że „zainteresowanie filozofią w Polsce jest słabe". „Umysłowość polska – stwierdza – jest bardziej konkretna niż abstrakcyjna". „Polakom brak jest zapału do bezinteresownych rozważań". Ostatnie pokolenie, ubolewa autor, „rozmiłowane jest albo w najbliższej, bieżącej, barwnej i ruchliwej konkretności, albo w zagadnieniach społecznych traktowanych w sposób bojowy, bez uczciwej woli poznania", a „polski współczesny literat... jest zoon aphilosohicon w stopniu, który w przodujących krajach Zachodu byłby prawie nie do pomyślenia". Polska literatura to „nastroje – powierzchowne i przemijające albo refleksy spraw religijnych". Elzenberg przestrzega przed pośpiechem w pracy filozofa. Istnieje „nacisk w kierunku zbyt rychłych wyników, a tym samym – roboty tandetnej". I ostrzega: „wszelka wziętość u publiczności uzależnia od publiczności".

Interesować się filozofią, to stawiać pytania filozoficzne. Zainteresowanie filozofią to „potrzeba i sztuka zgłębiania zagadnień do końca". Filozof to „pogłębiacz zagadnień", ktoś, kto wydobywa na powierzchnię zagadnienia „tkwiące w samym szpiku i rdzeniu" rzeczy, spraw, problemów, zjawisk. Natomiast w Polsce dyskusje polegają na tym, „żeby przypadkiem nie dać się wciągnąć w głąb kwestii! Nie dziw: myśleć jest rzeczą mozolną".

Rzadko porusza się temat sumienia. Co prawda pojawia się on w filozofii, ale na ogół niesamodzielnie – najczęściej przy okazji rozważań o dobru i złu. Najprostszą propozycję przedkłada Freud, wedle którego sumienie jest przejmowanym z kultur mechanizmem rozróżniania, dokonywania wyborów, a zatem spersonalizowaniem, uwewnętrznieniem norm kulturowych. W podobnym duchu wypowiada się Nietzsche, który w *Genealogii moralności* stwierdził, że sumienie to coś narzuconego jednostce przez społeczeństwo i państwo, ponieważ człowiek z natury jest istotą agresywną, która musi dawać upust swym instynktom, wprowadzać w czyn swą wolę mocy. Społeczeństwo i państwo zatem kierują niszczycielskie instynkty człowieka do jego wnętrza i owa stłumiona agresja (albo autoagresja) nazywa się sumieniem. Dlatego Nietzsche mówi o sumieniu, które gryzie, sumieniu „nieczystym". Również potoczna intuicja przynosi pokrewne skojarzenia: mówimy „co masz na sumieniu?", „gryzie mnie sumienie". Myślimy o nim jako o tej części naszej osobowości, która funkcjonuje na zasadzie hamulca.

Pamiętajmy wszakże, że spotykamy się w świecie z bardzo różnym stopniem indywidualnej wrażliwości sumienia – istnieje typ człowieka o atrofii sumienia, okaleczonego uczuciowo. Do takiego człowieka, podobnie jak w przypadku kalectwa fizycznego, nie można mieć pretensji, że zachowuje się tak, a nie inaczej. Dobrze pokazuje to Dostojewski w *Biesach* i w *Braciach Karamazow*. Jest to zatem rodzaj psychicznego kalectwa, jak mawiają Anglicy – deficiency. Przykłady różnic w takiej wrażliwości są dość powszechne – niektórzy żołnierze w plutonach egzekucyjnych psychicznie cierpią, inni są od tego zupełnie wolni, pilot, który spuścił bombę atomową na Hiroszimę skończył w klasztorze, modląc się o przebaczenie, nie przeżywali zaś takich katuszy inni lotnicy. Dlatego próby masowego, standardowego wychowywania sumienia są raczej skazane na niepowodzenie.

Istnieją też kulturowe zabiegi nie dopuszczające do głosu sumienia. W Europie na przykład będzie to mechanizm uniewinniający: „Rozkaz to rozkaz". Oczywiście u niektórych ludzi był to mechanizm kompletnego zakłamania, ale można sobie wyobrazić, że istnieli tacy, którzy bezrefleksyjnie wykonywali rozkazy – dlatego przekonuje mnie pogląd Hannah Arendt o banalności zła.

Sumienie jest pochodną stosunku do innego, dlatego trudno mówić o wychowywaniu sumienia jako takiego, w oderwaniu od drugiego człowieka. A zatem podstawową zasadą funkcjonowania zdrowego sumienia będzie biblijne: „Miłuj bliźniego jak siebie samego". Używając języka teologicznego można powiedzieć, że sumienie, jako zdolność rozróżniania dobra i zła, jest szczególnym rodzajem wrażliwości – łaską. Pojęcie to jednak niesie ze sobą rozmaite trudności związane z kwestią predestynacji, a zatem założeniem o bierności człowieka, dlatego wolę mówić o wrażliwości.

Kiedy podróżuję po świecie, utwierdzam się w przekonaniu, że choć pojęcie sumienia jest specyficzne dla kultury judeochrześcijańskiej, wrażliwość ta jest wspólna dla wszystkich ludzi. Z jednym wszak zastrzeżeniem – cechy wspólne występują przede wszystkim w relacjach wobec najbliższych, szczególnie rodziny, gdy istnieją więzy krwi. Paradoksalnym dowodem na to jest struktura mafijna z szefem – ojcem chrzestnym, która sformalizowała więzy krwi. W latach 30. panował na Dominikanie dyktator – Rafael Trujillo, który urządzał masowe chrzty i po pewnym czasie, kiedy stał się ojcem chrzestnym prawie wszystkich obywateli, nie można go było obalić. Poczucie więzów rodzinnych powstrzymywało poddanych od buntu i dopiero Amerykanie musieli go usunąć, ponieważ dla Dominikańczyków był ojcem.

Mimo różnic wrażliwości sumienia w odmiennych

kulturach (np. w wielu społecznościach zemsta rodowa jest uznawana za kategorię absolutnie konstytutywną), wspólne dla wszystkich pozostaje pragnienie posiadania czystego sumienia wobec najbliższych, a także liczenie się z opinią wyrażaną przez bliskich. W kulturze afrykańskiej, jeżeli ktoś zostanie potępiony przez rodzinę, to nie pokaże się już nigdy w rodzinnej wiosce, bo nie zniósłby odrzucenia przez swe środowisko. Rodzina jest tą instytucją społeczną, w której przechowuje się sumienie – umożliwia zatem zachowanie gatunku. Natomiast wszelkie akty przekraczania granic rodziny pod wpływem impulsu sumienia są już łaską.

Zamiast rad na temat wychowywania sumienia chciałbym podzielić się przemyśleniami na temat szczególnych zaniedbań i zagrożeń, w ten sposób ujawnią się moje sposoby samowychowywania sumienia. Wina, „nieczyste sumienie" może przybierać najrozmaitsze postacie. Karl Jaspers w swoim słynnym eseju *Problem winy* wymienia cztery rodzaje winy, w tym jej postać najbardziej niezwykłą – winę metafizyczną, którą obarczeni są wszyscy. Ta właśnie postać winy jest tym, co interesuje mnie najbardziej, kiedy podróżuję między światem zamożnym – światem mniejszości, a światem ubogim i obserwuję stale pogłębiającą się przepaść między nimi. Można nawet określić czasowo, kiedy to pęknięcie zaczęło się rozszerzać. Widać bowiem jasno, że od dziesiątków lat, mniej więcej od końca lat 60., następuje usypianie sumienia świata rozwiniętego w stosunku do świata najuboższego. Przecież w latach 50. zainteresowanie rodzącym się Trzecim Światem, myśl o awansie tego świata, próby rozwiązywania problemów głodu czy chorób były znacznie powszechniejsze, niż są obecnie. Współczynnik egoizmu świata rozwiniętego bardzo ostatnio się zwiększył i świadome lub nieświadome mechanizmy usypiania sumienia w tym świecie bardzo się usprawniły – na przykład usuwa się tematykę głodu (zarówno planetarnego jak i lokalnego) z mediów. Dlaczego tak się dzieje? Świat konsumpcyjny chce spokojnie konsumować i aby osiągnąć ten spokój, musi zapomnieć o głodzie innych. Ciekawym mechanizmem jest delegowanie problemu sumienia do instytucji kościelnych i charytatywnych. Członkom tych instytucji czy organizacji został profesjonalnie przydzielony problem sumienia. W ten sposób świat rozwinięty zracjonalizował sobie problem: „My płacimy podatki, tym niech zajmą się fachowcy". Dlatego też uważam, że w sensie Jaspersowskiej winy metafizycznej – czyli uchybienia wobec solidarności z innymi – współcześnie mamy do czynienia z bardzo poważnym kryzysem.

Kiedy myślę o zagrożeniach, które niszczą sumienie, przede wszystkim nieufnie spoglądam na media. To one tak oswajają nas z cierpieniem, z przestępstwem, z morderstwem. Tak bardzo pozbawiają je otoczki grozy, niesamowitości, winy, zamieniając przemoc w widowisko, przez co usypiają sumienie i są w swej istocie antywychowawcze. Ten rys ludzkiej natury genialnie wychwycił Bolesław Miciński, który potępiał postawę: „A to ciekawe!" Jeżeli reagujemy na zło takim: „A to interesujące!", to – wedle niego – popełniamy tym samym etyczne wykroczenie, ponieważ sprowadzamy wszystko do widowiska, teatru.

Jeżeli ktoś zasiada do sutego obiadu i ogląda w tym samym czasie sceny z sahelu, a tam umierających ludzi, to usypia swe sumienie. Przekonałem się, do czego jesteśmy doprowadzeni, kiedy w 1993 roku wraz z panią Ogata z United Nation Commission for Refugees polecieliśmy do uchodźców na granicy Sudanu i Etiopii – do 300 000 umierających młodych ludzi (starcami byli tam trzydziestolatkowie). Ludzi obdartych, nędznych, znajdujących się w straszliwych, malarycznych warunkach. Z tej makabry wyruszyliśmy do Addis Abeby i właściwie tego samego dnia odlecieliśmy do Rzymu. Wieczorem poszedłem na pełen roześmianych ludzi Piazza Navona w Rzymie, a tam – zabawa, restauracje, doskonałe jedzenie, ciepła noc, i wtedy – gdy uświadomiłem sobie ten kontrast – rozpłakałem się, co mi się rzadko zdarza. Wówczas też właśnie uprzytomniłem sobie, jak bardzo nieprzekazywalne jest moje doświadczenie.

Żadna instytucja, czy to kościelna, czy charytatywna, nie wychowa naszych sumień, ponieważ wszystkie media na skutek powszechnego zapominania o losie większości ludzi naszej planety usypiają nasze sumienia. Jest to tym smutniejsze, że rozwiązania, z jakich korzysta współczesna ludzkość, mogą być już jedynie planetarne. Jeżeli przy tej planetarnej wizji gubimy rzecz najistotniejszą, a mianowicie fakt, że 3/4 ludzkości żyje źle i bez perspektyw na lepsze życie, to nie ma szans na globalne rozwiązania.

Czuang-tsy rozmyśla nad naturą sporu:
„Przypuśćmy, że się z tobą spieram i żeś ty mnie zwyciężył, a ja nie zwyciężyłem ciebie; czyż koniecznie nie mam mieć racji? A jeśli ja ciebie pokonam, a ty mnie nie, czyż koniecznie muszę mieć słuszność, a ty zupełnie nie? Czyż koniecznie jeden ma rację, a drugi jej nie ma? Czy też obaj mamy rację albo obaj jesteśmy w błędzie? Kiedy my nie możemy o sobie nawzajem nic wiedzieć, to inni na pewno są też w ciemnościach. Kogóż mam wezwać na sędziego? Wezwę takiego, co się z tobą zgadza; skoro tak, jakżeż może nas sądzić? Wezwę takiego, co się ze mną zgadza; skoro tak, to jakżeż on może nas sądzić? Wezwę takiego, co się z żadnym z nas nie zgadza; skoro tak, to jakżeż może on nas sądzić? Wezwę takiego, co się z nami oboma zgadza; skoro tak, to jakżeż może nas sądzić? W takim razie ja z tobą i z tym trzecim nie możemy się porozumieć; czyż mamy czekać na jeszcze kogoś innego? Co znaczy pogodzić rzeczy w

przyrodzonych granicach? – Co do prawdy i fałszu, tak i nie, to jeżeli prawda jest istotnie prawdą, to różnica między nią a fałszem nie jest sporna, a jeżeli tak jest rzeczywiście, to różnica tak z nie także jest bezsporna. Zmienne głosy o prawdzie i fałszu, czy są od siebie wzajemnie zależne, czy też nie, godzą się w przyrodzonych granicach, stosują się do nieskończonych przemian, dlatego też mogą dożyć swojego wieku. Zapomnijmy o wieku, zapomnijmy o słuszności (różnicy między prawdą i fałszem) i wyruszajmy w nieskończoność, żeby w niej zamieszkać" (*Prawdziwa księga południowego kwiatu*).

Rzeka, która za sprawą Heraklita pojawiła się na ziemi, płynie już dwa i pół tysiąca lat, a nikomu jeszcze nie udało się wejść do niej dwa razy.

Cape Town

Nie wiem, dlaczego przypomniał mi się nagle pewien mim (klown? trefniś?) na bulwarze w Cape Town. Była słoneczna niedziela rano, spacerowały tłumy ludzi. Spośród nich mim wybierał jakąś osobę i tak, aby nie być przez nią zauważony, zaczynał iść tuż za nią – stawał się jej żywym cieniem. Szedł naśladując jej ruchy, ale naśladując – deformował, wyolbrzymiał, parodiował jej chód, sposób trzymania głowy, niesienia torby, palenia papierosa. Nie było w tym złośliwości, raczej dużo uciechy i zabawy, ludzie obserwując mima pękali ze śmiechu.

Ale te jego popisy przypominały o jednym – że całe nasze zachowanie, nawet najbardziej poważne, graniczy ze śmiesznością i że granica między tym, co serio, a tym, co już przechodzi w parodię, jest niezmiernie wąska i krucha i wystarczy o milimetr wykrzywić i wykoślawić nasze gesty i miny, cały nasz sposób bycia, aby przekroczyć granicę między światem powagi a światem parodii i stać się własną karykaturą.

Erwin Panofsky o Janie van Eycku (pierwsza połowa XV wieku), uważanym za wynalazcę malarstwa olejnego: „Oko Jana van Eycka działa zarazem jako mikroskop i teleskop".

Największą radość sprawia odkrywanie niezwykłości w rzeczach najbardziej zwyczajnych. Idąc drogą mijamy fragmenty pejzażu, widoki okolicy, stojące domy, płoty i drzewa. Te obrazy świata rozpięte po obu stronach drogi możemy przemieniać, przemieszczać, tworzyć niezliczone panoramy, zestawy, kompozycje. Nasza wyobraźnia spotyka tę przydrożną wystawę obrazów, zmienia ich porządek, tworzy własne układy, proponuje nowe warianty. Bawisz się tym, cieszysz, jeżeli przyjdzie ci jakiś pomysł, szukasz nowych konceptów i rozwiązań.

31.10.96
Na wystawie malarstwa Piotra Potworowskiego w „Zachęcie". Wspaniały malarz. Skupiony przy sztalugach, pogrążony w swoim świecie barwy i nastroju. Potworowski pokazuje, że pejzaż jest kolorem: kiedy maluje obrazy Anglii – kolory są przygaszone, matowe, szare, kiedy Hiszpanię – dominują żółcie, ochry, cynober, kolory piaskowe, kiedy las – całe płótno wypełnia zieleń, różne odcienie, tonacje, zgęszczenia zieleni. Malarz pokazuje nam, jak zieleń jest przebogata w gradacje, w niuanse, w kontrasty i że jest całym nieskończonym światem. „Las przed domem" 1956, „Zielone Podhale" 1959, „Pejzaż zielony" 1960. Zieleń go urzeka, przykuwa, stara się poznać jej materię, dotrzeć do jej esencji, zgłębić jej tajemnicę.
Ale obraz, przed którym stałem najdłużej, a potem kilkakrotnie do niego wracałem, nie jest zielony, ale brązowy i czarny. Nosi tytuł „Ślad wojny". Jest namalowa-

ny na płótnie z worka. To płótno jest niezmiernie ważne, bo worek to jeden z symboli wojny, równie jak karabin, okop i zburzony dom. Bezbronni i przerażeni ludzie tułają się po drogach wojny niosąc w workach resztki swojego dobytku. W workach dostarcza się ziarna głodującym w obozach uchodźców: widok worka budzi wówczas radość i nadzieję przetrwania. Pusty worek wreszcie, to, jak widziałem w Afryce, jedyne ubranie biedaków. I kobiety, i mężczyźni chodzą w workach, którym rozpruwają dno i noszą je zamiast koszuli lub sukienki. Worek – symbol biedy, bezradności, ale i ratunku.

Czechow: „Wyrzeźbić twarz w marmurze to tyle, co usunąć z bryły wszystko, co nie jest twarzą" (1887).

Malarstwo pozwala lepiej zrozumieć literaturę (problemy jej warsztatu, gatunków itd.). Np. twórczość wielkiego malarza amerykańskiego – Jaspersa Johnsa: w jego malarstwie zmienia się wszystko – style, formy, gatunki – Johns tworzy na różne sposoby, szuka różnych rodzajów wypowiedzi. „Od czterdziestu lat – pisze Calvin Tomkins na marginesie nowojorskiej wystawy Johnsa w «New Yorker» z 11.11.96 – nikomu nie udaje się zdefiniować i zaszeregować tego malarstwa. Obecna wystawa również nie stara się narzucić jednolitej, ostatecznej interpretacji jego sztuki. Zmienia ona ciągle kierunki poszukiwań. Najogólniej uderza nieobecność człowieka, w otoczeniu stworzonym przez człowieka. Na jego obrazach występuje napięcie między figuratywnymi i niefiguratywnymi elementami. Rzeczy nie łączą się tu ze sobą, są sprzecznością, której malarz nie próbuje rozwiązać".

21 kwietnia 1996

Druga Symfonia Mahlera w Teatrze Narodowym. Dyrygował Jerzy Semkow. Utwór uderzający, olśniewający. Mahler pisał tę symfonię ponad 6 lat. Kiedy ją ukończył, miał lat 35.

Oszałamia przede wszystkim masa spiętrzonego materiału. Masa muzyki, a także jej form i stylów, zróżnicowanie tempa, falowanie nastrojów, przejmująca dramaturgia. Bogactwo. Bogactwo, wielość i różnorodność.

Mahler nie waha się. Wykorzystuje wszystko. Zapełnia przestrzeń, świata zza tej monumentalnej góry nie widać. Miesza style, gatunki, środki wyrazu. Przypominają się słowa Julesa Renarda z jego *Dziennika*: „Talent to kwestia ilości. Talent nie polega na napisaniu stronicy, ale trzystu stronic".

Hybrydyczność muzyki Mahlera.

W muzyce, podobnie jak w malarstwie, problem łączenia, mieszania gatunków, problem fuzji, hybrydy i sylwy został rozwiązany już sto lat temu. Rozstrzygnięty pozytywnie, akceptująco. Natomiast w literaturze sprawa ta ciągle budzi wątpliwości, wahania, spory.

Niewątpliwie język malarski czy muzyczny pozwalają twórcy na więcej swobody, dają mu szersze pole dla eksperymentu, inwencji. Natomiast język mówiony czy pisany ogranicza i krępuje choćby przez swoją dosłowność, przez natychmiastową i prostą sprawdzalność. Stąd w świecie formy muzyka i malarstwo z reguły wyprzedzają literaturę.

Lata 60.: ważna cezura, ważny przełom w sztuce. W królestwo sztuki wkracza rzeczywistość, codzienność. Między obu tymi światami zaciera się granica. (Krytycy sięgają do teorii Duchampa, do jego myśli o bezwartościowości, o przypadkowości świata.)

Sprawność – oto co najbardziej zagraża współczesnej sztuce. Sprawność, poprawność, zręczność, blichtr i jakaś ziejąca z tego – drugorzędność i pustka.

„...tam, gdzie nie ma treści domagającej się upostaciowania, nic nie pomoże wynajdywanie form " (Werner Heisenberg – *Ponad granicami*).

Kryzys sztuki polega dziś w dużym stopniu na bierności, pasywności odbiorców, na ich odmowie udziału we współtworzeniu (Zbigniew Bieńkowski: „Doznawanie sztuki nie jest ani łatwe, ani mechaniczne. Wymaga i wysiłku, i dobrej woli").

17.1.97
Próbowałem dostać się do muzeum na wystawę „Koniec wieku" (secesja). Tłumy. Zrezygnowałem, bo kolejka kilometrowa, a wewnątrz prawdopodobnie tłok przed obrazami i rzeźbami, więc ani mowy, żeby się skupić, zastanowić. Te tłumy – kiedy jednocześnie galerie współczesnej postawangardy świecą pustką – dowodzą, że ludzie szukają sztuki spokojnej, takiej, która kojarzyć się będzie z ładem i ciszą, potwierdzonej przez czas. Sztuki, która nie krzyczy i nie atakuje – za dużo jest krzyku i agresji, kiedy wyjdzie się z muzeum na zewnątrz, na ulicę.

W listopadzie 1995 na wykładzie prof. Władysława Stróżewskiego pod tytułem „Płaszczyzny sensów w dziele malarskim":
– każdy termin ma wiele znaczeń (i w tym jego bogactwo!) np. sens może być synonimem:

a. racjonalności,
b. adekwatności,
c. celowości (teleologia).

Roman Ingarden rozróżniał między malowidłem a obrazem, czyli między przedmiotem fizycznym a przedmiotem intencjalnym. Słowem: w każdym obrazie kryje się obraz utajony.
Sztuka – to wywołać, stworzyć inny świat.
Dzieło składa się z sensów. Sensy integrując się – wzmacniają się.
Sztuka podnosi nas w wymiar, który jest ponad nami.
Nie ma dzieła sztuki bez kontekstu.
(Ulubione wyrażenie Stróżewskiego, powtarzane kilkakrotnie w czasie wykładu: „Ta siatka łapie różne ryby".)

W „Teatrze" (3/96) artykuł Katarzyny Osińskiej pt. *Ekspansja teatru poza teatr w Rosji Radzieckiej 1918--1924.*
Dążenie do „steatralizowania przestrzeni". „W przestrzeń ulic i placów wkroczył teatr w postaci widowisk masowych". U źródeł tego ruchu leżała idea poety Wiaczesława Iwanowa, idea „sobornowo diejstwija" – działania zbiorowego, znoszącego podział na uczestników i obserwatorów. Rampa zaczęła przeszkadzać, trzeba było ją zburzyć. Wkrótce – pisał Meyerhold – „wszyscy będą aktorami". Widowisko powinno być raczej masowym działaniem, niż czystym spektaklem. Teatr zbiorowy znosił indywidualizm na rzecz powszechnej jedności.

Wiadomość, że zmarł Heiner Miller. Miał 66 lat. Jeden z największych dramaturgów europejskich, przypuszczalnie największy, obok Brechta, dramaturg współczesnych Niemiec. Napisał około 30 sztuk teatralnych. Dyrektor i reżyser Berliner Ensemble. Po raz pierwszy spotkałem go w lutym 1994. Właśnie w Berliner Ensemble miałem wieczór autorski, który on prowadził. Na dworze było ciemno, zimno, padał deszcz, wiał lodowaty wiatr. Budynek teatru stoi we wschodnim Berlinie, przy dawnym Murze, w miejscu ponurym, mrocznym, opuszczonym, zdewastowanym. W Berlinie byłem po raz pierwszy, szedłem na to spotkanie pełen niepokoju, że nikt w taką straszną pogodę nie przyjdzie. Kiedy wszedłem na salę, odetchnąłem: była pełna ludzi. Młodzież siedziała na podium, na podłodze, stała pod ścianami, tłoczyła się przy drzwiach. Spotkanie tłumaczył Martin Pollack, który na tę okazję przyjechał z Wiednia. Miller odczytał fragmenty *Imperium*, potem potoczyła się dyskusja.

Niski, lekko zgarbiony Miller był małomównym człowiekiem, zamkniętym w sobie, nawet − introwertycznym. Sprawiał wrażenie kogoś, kogo inni męczą, ale który jednocześnie nie potrafi bez nich żyć. Była jakaś niewygoda, nieustawność w jego sposobie bycia wśród innych. Nieustannie pił i palił. Całe dnie spędzał w dusznym, ciemnym od dymu i cuchnącym sfermentowanym piwem barze, który znajdował się w piwnicach teatru. Tego wieczoru był w barze tłok, gwar, szum, pobudzona gęstwina ludzi, głosów, gestów. Miller zaprosił mnie na piwo. Był zadowolony z wieczoru, chciał, abym zrobił następny − o Afryce. Kiedy mówił, przez jego zamkniętą, bladą twarz przelatywał czasem ledwo dostrzegalny, trudny do określenia uśmiech − ni to ironii, ni to nieśmiałości.

W samolocie z Wiednia do Warszawy

Sąsiad przegląda plik gazet, tak jak przelatuje się stacje, kanały i obrazy telewizyjne pociskając guziczki pilota: na każdej stronie ogląda zdjęcia, czyta tytuły, czasem jakiś fragment artykułu. Obyczaj telewizyjny przeniknął do naszych zachowań. Wszędzie wkrada się zasada pilota. Będziemy przeskakiwać, przerzucać, przelatywać napotkane stronice, obrazy, widoki, przeżycia, ludzi. Widzę, jak inni moi sąsiedzi, też w pośpiechu, pobieżnie kartkują swoje gazety. W kabinie, zamiast pilnego, mniszego czytania – wielki szelest papieru.

15.8.96

A.B. opowiedział mi historię o Paulu, czyli o tym, że ekran telewizyjny jest jedynym światem: do naszych sąsiadów w Warszawie przyjechał ze Stanów na wakacje ich daleki kuzyn, 17-letni Paul. Ponieważ mieszkamy drzwi w drzwi i stale się odwiedzamy, a także dzielimy ogród i werandę, kontakt mamy bliski, codzienny. Paul zaintrygował mnie od początku. Miły, grzeczny, ale tą grzecznością obojętną kogoś, kto należy do innego świata. Rozmawialiśmy już kilka razy. Jest pierwszy raz w Europie. Nie wie dokładnie, gdzie to jest. Ważniejsze – to go nie interesuje. Nie chce zwiedzać miast, oglądać zabytków. Jeżeli jego rodzice i ich znajomi idą do muzeum, Paul zostaje w samochodzie i słucha radia. Po przyjeździe do nowego miasta od razu siada w pokoju hotelowym i włącza telewizor. Najchętniej ogląda CNN. W Ameryce – przygotowania do wyborów prezydenckich. Nie kończące się wielogodzinne debaty, dla mnie śmiertelnie nudne, ale Paul słucha ich bez przerwy. Po jakimś czasie orientuję się jednak, że z równą uwagą siedziałby przed telewizorem, gdyby transmitowano „Traviatę" z Oslo, show-hit „Funny Jack" z Londynu, reportaż z byłego gułagu w Workucie czy sprawozdanie z wystawy rolniczej w Lizbonie. Wszystko jest ważne, bo tak naprawdę nic nie jest ważne. Owszem, liczy się jedno: być tam, uczestniczyć, widzieć to, ale być tam nie osobiście, tylko poprzez telewizor. Mieć poczucie uczestnictwa dane przez telewizor, poczucie, które już dla Paula jest rzeczywistością. Paul już nie potrafi oglądać świata inaczej niż poprzez telewizor, więcej, ten inny, nietelewizyjny świat dla niego nie istnieje, jest nierealny, jest złudzeniem. Wobec tego nie próbuje go poznać, nie przychodzi mu to do głowy. Był dwa miesiące w Warszawie, ale nie zwiedził miasta. Jakiego miasta? Przecież ono nie istnieje, nie było go w CNN.

Dzięki ekranowi telewizyjnemu Paul bierze udział w ogromnej liczbie wydarzeń: w wojnach i rewoltach, w kongresach i w konferencjach, w koncertach i zabawach, w zawodach bokserskich i w mistrzostwach świata w hokeju, w polowaniach na krokodyle i rekiny, w rewiach mody i konkursach piękności, w napadach na banki i w ściganiu handlarzy narkotyków. Telewizor zapewnia mu nowy typ uczestnictwa – uczestnictwa bez odpowiedzialności. Dawniej było to niemożliwe: być, uczestniczyć w czymś, to znaczyło także – jeżeli zaszła potrzeba

– współodpowiadać. Paul nie odpowiada za nic: co prawda bierze udział w zdarzeniach, ale nie jest to udział dosłowny, w żadnym wypadku nie można go schwytać za rękę, nigdzie nie jest namacalnie obecny.

Najważniejsze, że telewizja zniwelowała w jego obrazie świata dychotomię prawdy i kłamstwa. Miejsce konfliktu między nimi zajął podział dużo bardziej prosty: nie – co jest prawdą lub kłamstwem, ale – co było albo nie było w telewizji.

CNN nie tylko kształtuje światopogląd Paula. Wyznacza również jego rytm biologiczny: kiedy jest przerwa w transmisji – Paul zasypia.

W Niemczech ukazuje się tygodnik dla młodzieży – „Focus". W tym tytule zawarty jest główny problem młodego pokolenia – brak owego focus. Któryś z pedagogów amerykańskich powiedział niedawno: „those kids have no focus" (to znaczy – nie mają wyraźnie określonych zainteresowań i dążeń, nie mają motywacji, celu).

Łatwo zauważyć, że wśród młodzieży zaczyna dominować – nazwijmy to umownie – postawa komputerowa. Nie jest to zwyczajna, apatyczna bierność. Jest to raczej uważne wyczekiwanie – ale właśnie tylko wyczekiwanie. Że ktoś coś powie. Do czegoś zachęci. To postawa człowieka nastawionego na odbiór, postawa widza i słuchacza. I tak jak komputer: wszystko będzie działać świetnie, pod warunkiem, że ktoś naciśnie klawisz.

Rewolucja elektroniczna drugiej połowy XX wieku wykopała głęboką przepaść między dwoma pokoleniami, posiadaczami dwóch różnych wyobraźni. Rewolucja ta stworzyła nowy świat – świat komputera, mediów, internetu, rzeczywistości wirtualnej, z którymi identyfikuje się młode pokolenie. Natomiast starsze, „przedwirtualne", albo już nie czuje się na siłach, albo nie umie wzbudzić w sobie zainteresowania przestrzenią cybernetyczną. W rezultacie dwie generacje, istniejąc obok siebie, zamieszkują dwie różne rzeczywistości, dwie różne wyobraźnie. Mówiąc inaczej: rewolucja elektroniczna „dorzuciła" ludzkości jeszcze jeden, nowy świat, do którego młodsza generacja naszego rodzaju weszła bez wahania, starsza natomiast pozostała na zewnątrz na tradycyjnym, znanym sobie od dawna padole łez.

Słowo-klucz, słowo-definicja człowieka – konsumenta kultury: channel-surfer (Hillary Clinton, o swoim mężu: „Like most men, my husband is an avid channel-surfer"). Surfer to ten, który ślizga się na desce po fali. Osiąga sukces, kiedy wyczuwa falę, jej kierunek i siłę, kiedy się jej poddaje, kiedy pozwala, a nawet – pragnie, żeby ta fala go niosła, pchała naprzód i w górę, jak najdalej, jak najwyżej. Surfer to znawca fali, jej obserwator i koneser, ten, który potrafi chwycić jej rytm, który umie być na fali.

Linia fali to linia gładka, płynna, łagodnie zakrzywiona, obła; to linia najbardziej nowoczesna – najnowsze samochody mają linię fali, kamery wideo, sprzęt kuchenny, fotele biurowe, łuki autostrad i odrzutowce.

A teraz, obok tego, kto ślizga się na desce po fali morskiej, pojawiła się nowa postać – kogoś, kto uprawia channel-surfing, a więc ślizga się po kanałach telewizyjnych: „he always channel-surfs" – narzeka na męża Elisabeth Dole, żona kandydata na prezydenta.

Channel-surfer to ten, kto wraca z pracy, siada w fotelu przed telewizorem, bierze do ręki pilota i naciskając guziczki nieustannie zmienia kanały – skacze czy raczej prześlizguje się z kanału na kanał, tak jak morski surfer prześlizguje się z fali na falę.

W tej czynności jest wszystko: niemożność człowieka zmęczonego, aby skupić się na jednym przedmiocie, czy temacie, powierzchowność naszych zainteresowań, niewyraźna, ale gdzieś prześwitująca nadzieja, że może napotkamy coś, co zafascynuje i oszołomi nas, których już nic nie może zadziwić ani porwać, najbardziej jednak – znużenie wszystkim, co chce zająć naszą uwagę dłużej niż kilka sekund i wyrwać nas ze stanu, w którym tkwimy pogrążeni – stanu niemyślenia.

Surfing to także metafora – przecież ślizgamy się w naszym myśleniu i w naszych opiniach, w wypowiedziach i oświadczeniach. Idealnym terenem dla surfera jest powierzchnia – ruchoma, płynna, ciągle zmieniająca się, migotliwa. I żeby się na niej utrzymać surfer musi ciągle balansować, ślizgać się, być w ruchu, szukać równowagi, zmieniać kąty nachylenia ciała, jego pozycje. Przed chwilą był wyprostowany, a oto już jest pochylony, przed sekundą leciał w dół, a oto już pnie się do góry!

Dla kogoś, kto uprawia surfing, niebezpieczna jest tylko głębia. Głębia to pułapka, której musi za wszelką cenę unikać, bo mogłaby go obezwładnić i pochłonąć.

1.11.96

Teksty. Nieustająca inwazja, która nas przygniata, osacza, wyczerpuje, zamęcza, zabija wrażliwość, zżera czas. Książki, broszury, pisma, gazety, albumy, foldery, odbitki, reklamy, wydruki, ulotki. To wszystko codziennie, od rana do nocy naciera z księgarń, z kiosków, z komputera, szturmuje z wypchanej torby listonosza, ze skrzynki pocztowej, wylewa się z teczek gońców i akwi-

zytorów, spływa kaskadami z maszyn drukarskich, z te-
lexów, z faxów, z e-mail. Boję się spotykać z ludźmi, bo
mi zaraz coś wcisną do czytania. Niechętnie daję adres –
bo zaraz coś przyślą do czytania. Pytanie, które mi ciągle ktoś zadaje: – Czytałeś to? –
Nie. – Nie czytałeś? To musisz to koniecznie przeczytać.
Musisz! Już ci to daję (pożyczę, prześlę, przefaxuję itd.).

Słowa staniały. Rozmnożyły się, ale straciły na wartości. Są wszędzie. Jest ich za dużo. Mrowią się, kłębią,
dręczą jak chmary natarczywych much. Ogłuszają.
Tęsknimy więc za ciszą. Za milczeniem. Za wędrów-
ką przez pola. Przez łąki. Przez las, który szumi, ale nie
ględzi, nie plecie, nie tokuje.

Profesor Armand Mattelard (Uniwersytet Rennes II)
pisze (*Le Monde Diplomatique*, IV, 94), że „w wyniku
masowego, swobodnego obiegu danych (informacji,
wiedzy) ambiwalencja jest główną cechą wszystkiego,
co istnieje w świecie współczesnej ewolucji teoretycz-
nej". Ambiwalencja, a więc coś, co posiada elementy
przeciwstawne, podwójny charakter, podwójny aspekt.

Można by to nazwać – Paradoksem Schella. Jonathan
Schell, współczesny amerykański eseista twierdzi, że
wzrost informacji powoduje zwiększanie się niewiedzy
ludzi. „Paradoks naszych czasów – pisze Schell – polega na tym, że rozwojowi informacji towarzyszy wzrost
niewiedzy. Może i żyjemy w epoce informacji, lecz informacja ta najwidoczniej przechowywana jest gdzie indziej niż w umysłach obywateli. Wygląda na to, że podczas gdy komputery zapchane są informacją, w umysłach straszy coraz większa pustka".

43

Przeciążona, zmęczona uwaga człowieka zwiększa obszary rzeczywistości, które odsuwa od siebie i skazuje na zapomnienie. Dotyczy to m.in. problemów globalnych, problemów naszej planety. Tendencja ta znajduje odbicie w prasie światowej, w proporcjach między tematyką krajową i zagraniczną na łamach gazet. Coraz więcej miejsca poświęca się sprawom krajowym i lokalnym. Zaczynają dominować lokalne, drugie miejsce zajmują krajowe, a dopiero na końcu – zagraniczne.

Czwartek, 30.11.1995
Zapisywać, więcej zapisywać!
I zaraz następna myśl: po co? tyle słów przetacza się przez świat na falach radiowych, w druku, rozmowach. Morza, oceany słów płynące w eterze, przez papier, maszerujące szpaltami, połyskujące na ekranach komputerów, to wszystko pojawia się i znika, znów pojawia i znika – tak bez przerwy, bez chwili ciszy, bez sekundy wytchnienia. Gdzie tam znaleźć miejsce? poletko? szczelinę?
A jednak źle jest poddać się tej myśli, rezygnować, zarzucić pióro.

4 grudnia 1995
Chłodno, nieco poniżej zera, pochmurno. Od rana – porządkowanie pracowni. Za dużo czasopism, dzienników, tygodników. Płyną bez końca. Nie sposób ich przeglądać, nie sposób czytać.

Telewizja nie tylko kształtuje nasze gusta i poglądy, ale wpływa na wielkie decyzje polityczne:
– w Mogadiszu podniecony tłum ciągnie po ziemi zmasakrowane ciało żołnierza amerykańskiego. Obraz

ten, pokazany w USA w telewizji, wywołuje szok i oburzenie, widzowie zmuszają Waszyngton do wycofania się z Somalii;

– artyleria serbska ostrzeliwuje rynek w Sarajewie. Są zabici i ranni. Sfilmowane sceny z tej tragedii pokazane w telewizji przyspieszają decyzję amerykańską o interwencji w Bośni;

– mord mieszkańców Didi (Wschodni Timor), dokonany przez armię indonezyjską, zarejestrowali na taśmie wideo dwaj Anglicy: Max Stahl i Steve Cox. Taśma ta, wykorzystana przez wiele stacji telewizyjnych na świecie, przyczyniła się do międzynarodowej izolacji Indonezji (w latach 1977-79 jedna trzecia ludności Wschodniego Timoru została wymordowana lub umarła z głodu).

Przyspieszenie i spłycenie wiadomości (informacji) we współczesnych mediach jest przez to m.in. niebezpieczne, że upowszechnia stereotypy. Szybko! Szybko! Nie ma czasu na niuanse, szczegóły, wieloznaczności, różnice, odcienie. Coś jest białe albo czarne i tyle. Kropka. Miejsce bogactwa zajmuje tempo, wszystko jest powtarzaniem tego samego, byle prędko, byle utrzymać rytm.

Plemię odkrywców zniknęło z powierzchni ziemi, podobnie jak kiedyś wymarły plemiona błędnych rycerzy, korsarzy morskich, nieustraszonych konkwistadorów. Świat nie tylko skurczył się, ale również spowszedniał. Wiemy więcej, ale to więcej pozbawione jest smaku emocji, przeżycia i tajemnicy, jakie towarzyszyły kiedyś człowiekowi, kiedy stykał się z czymś kulturowo, antropologicznie nowym i innym. Już nie musimy organizować wypraw, trudzić się, ryzykować. Świat przychodzi do nas: jego obrazy przepływają przed naszymi oczyma, kiedy siedzimy w mieszkaniu przed telewizorem.

Proporcje. Sprawa proporcji zaczyna mieć coraz większe znaczenie w świecie przeładowanym informacją, danymi, nazwami i liczbami, w świecie, w którym trzeba ciągle wybierać. Powstaje wówczas pytanie – jak wybierać? Co? I właśnie – w jakich proporcjach? Ponieważ, jak wiadomo, sposób, w jaki patrzymy na świat, ma wielki wpływ na to, co o nim myślimy. Instrumentem, przez który oglądamy rzeczywistość, staje się coraz częściej obiektyw (fotograficzny, filmowy itd.). Ma to dwie konsekwencje: po pierwsze – obiektyw patrzy na świat selektywnie, obiektyw wybiera, mieści w swoim oku tylko fragment obrazu, widzimy część, nie widzimy całości, przy czym – wobec całości może to być drobna, drugorzędna część. Po drugie – obiektyw jest tylko instrumentem w rękach człowieka, a fakt ten otwiera pole manipulacji, ponieważ wybieramy, wydzielamy (a potem – powiększamy) to, co chcemy. To oglądanie świata przez selekcjonującą, redukującą soczewkę obiektywu powoduje, że to, co widzimy, może być pozbawione wszelkiej proporcji, podporządkowane subiektywnej, dowolnej skali wartości (wg Karola Mannheima każdy obserwator ujmuje zjawiska społeczne zawsze w sposób selektywny i jednostronny – tzw. perspektywizm Mannheima).

W rezultacie często obserwujemy zatratę wszelkich proporcji, wszelkiego rozsądnego umiaru. Choćby pisanie o masakrach w Rwandzie – „Śmierć Afryki", mimo że mieszkańcy tego kraju stanowią mniej niż 1 procent ludności kontynentu. Albo wypowiedzi różnych intelektualistów (pomińmy nazwiska – nomina sunt odiosa), że „świat pogrąża się w wojnie", mimo że społeczeństwa, w których toczą się wojny, to mniej niż 1 procent ludzkości. Problem owych dysproporcji porusza m.in. Steven Erlander w artykule pt. *Wiele hałasu na temat terroryzmu* (IHT z 2 września 96). Erlander podaje liczby: w 1994-95 z rąk terrorystów zginęło 16 Amerykanów, natomiast w jednym tylko roku 1993 aż 57 Amerykanów zginęło od uderzenia pioruna. W tymże samym 1993 w wypadkach samochodowych zginęło 42 000 Amerykanów, a 31 000 wymordowało się nawzajem w bójkach, w napadach rabunkowych, w wendetach i wojnach gangów. Erlander pisze o potrzebie wroga: skoro sowieci przestali być wrogiem nr 1, trzeba było powołać na ich miejsce nowego wroga: tym razem wybór padł na terroryzm. Przecież potężna wojenna i policyjna machina USA musi coś robić – stwierdza autor.

W „Newsweeku" z 23.9.96 listy na temat Christiane Amanpour, dziennikarki z CNN, którą tygodnik określa jako „supergwiazdę światowych mediów".

Zwraca uwagę zasada prezentacji listów, typowa dla postmodernistycznego relatywizmu. Typowa, bo ta metoda powtarza się stale, a polega na kontrowaniu każdej opinii pozytywnej – poglądem negatywnym. Zawsze będzie pół-na-pół. Jedni będą chwalić – drudzy ganić. Jedni będą – za, drudzy – przeciw. „Pokazaliście nadzwyczajną postać" – zachwyca się Ryan Truscott z Harare. Co? – oburza się Michael Woatich z Amsterdamu – „Kiedy na ekranie pojawia się Amanpour – zmieniam kanał".

W ten sposób, kasując każdą opinię pozytywną – poglądem negatywnym, niweluje się cały rachunek do zera. Utwierdza nas to w opinii, że wszystko zależy od subiektywnego punktu widzenia, od naszych prywatnych gustów i upodobań. Możesz myśleć co chcesz, robić co chcesz – i tak zawsze jednym będzie się to podobać, innym – nie, co oznacza, w sumie, że i tak nic nigdy z niczego nie będzie wynikać.

Cenzura? Elektronika kpi sobie dziś z wszelkiej cenzury! Doktor Claude Gubler był osobistym lekarzem Françoisa Mitteranda. Kiedy Mitterand umarł, Gubler ogłosił książkę (*Le Grand Secret*), w której ujawnił, że Mitterand niemal od początku swojej prezydentury chorował na raka, ale ukrywał to w obawie, że choroba stanie się pretekstem odsunięcia go od władzy. Ukrywał ją więc przez dwie kadencje – przez 14 lat. Rodzina Mitteranda uznała, że Gubler obraził pamięć zmarłego. Sąd zgodził się z tym i nakazał wycofać książkę z księgarń. Niewiele to pomogło, bo książka została natychmiast wprowadzona do internetu i teraz każdy może ją czytać omijając wyrok sądu, zakazy i ograniczenia (http: www.leb.fr/secret).

Elektronika pokonała starą, biurokratyczną cenzurę, ale nie przemogła naturalnej pokusy rządzących, aby panować nad umysłami poddanych i urabiać je na korzystną dla siebie modłę. Dlatego system cenzury prewencyjnej, której głównym narzędziem był zakaz, zastąpił system manipulacji, którego głównym instrumentem jest selekcja: o jednych rzeczach mówi się, o innych milczy, o jednych mówi się więcej, o innych mniej itd. Nie tylko selekcja jest ważna. Istotny też jest sposób prezentacji: w krajach zamożnych – uśmiechnięci politycy, zakupy przedświąteczne, tłok na plażach, w krajach biednych – uciekinierzy na drogach, dzieci-szkieleciki na rękach płaczących matek, młodzi ludzie w kominiarkach strzelają do siebie zza węgła.

24 marca 1996

Niedziela. W Mińsku demonstracja ludności przeciw zjednoczeniu Białorusi z Rosją. Demonstranci próbują opanować gmach telewizji. (Podobnie jak to było w Wilnie, w Tbilisi, w Moskwie, Bukareszcie itd.) Jeszcze raz potwierdza się teza, że media w sposób materialny stają się władzą i że panuje nie ten, kto zasiada w pałacu prezydenta, lecz ten, kto ma w rękach gmach telewizji.

W dyskusjach o znaczeniu i wartości komputera pełno jest nieścisłości, mylenia pojęć. Najczęściej myli się treść z formą, mówienie o formie zastępuje myślenie o treści. Zamiast „co pisać" – dowiadujemy się, „jak redagować", wiemy, „jak pojemna jest pamięć", nie wiemy, co ta pamięć ma zapamiętywać. Klasyczny przykład triumfu techniki nad kulturą.

Nowy, ulubiony temat mediów: operacje sławnych ludzi. Operacja Papieża. Operacja Jelcyna. Operacja Havla. Bramy wjazdowe do szpitali. Rozmowy z chirurgami. Kamery na razie umieszczone w głównym holu kliniki, ale już wkrótce zawisną nad stołami operacyjnymi i będziemy mogli z bliska przyglądać się, jak pulsują krwawiące wnętrza sławnego człowieka.

Technika niszczy kulturę w inny sposób, niż przypuszczano. Sądzono, że technika kulturę wyprze, zajmie jej miejsce. Tymczasem stało się odwrotnie – technika dała kulturze zbyt dużo miejsca, powieliła w nieskończoność obrazy, dźwięki i słowa. Odbiorca kultury, jej konsument stanął wobec problemu nadmiaru, wobec trudności wyboru, przygniotła go obfitość, oszołomiła ilość.

Jacek Kalabiński pisze z Waszyngtonu (GW

27.05.96), że „w sprzedaży jest tam dostępnych ponad 40 wykonań preludiów Chopina, przeszło 100 wersji „Pór roku" Vivaldiego, 25 różnych nagrań VI Symfonii Mahlera, 15 różnych wykonań wszystkich symfonii Beethovena itd."

Technika a kultura. Np. jak wynalazek magnetofonu pozwolił stworzyć nowy dział historii – historii oralnej. Dzięki taśmie magnetycznej można było odtąd zapisywać opowieści o początkach i mitach wielu społeczności, które dawniej, kiedy nie było technik utrwalania takich relacji, istniały jakby bez swoich korzeni, bez czasu przeszłego.

Ujemny wpływ telewizji na literaturę polega nawet nie na tym, że ludzie przestali czytać książki (bo przecież czytają!), ale na tym, że czytają źle, że śledzą tylko akcję, intrygę, że przelatują, kartkują stronice, skaczą „po łebkach". Jakie są korzyści takiego czytania? Co z niego zostaje?

Historia ludzkości zaczęła się od obrazków (rysunki naskalne w Australii, w Altamirze, w Lascaux, na Saharze) i kończy się obrazkami (telewizja, internet). Wnet okaże się, że pismo literowe, druk i książka były krótkim epizodem w historii kultury.

Maj, 1996

Spotkanie z Andriejem Siniawskim w Moskwie. Znałem go tylko z lektury i ze zdjęć. Na zdjęciach potężna głowa, ogromna broda – wrażenie wielkiego, zwalistego Rosjanina. A tu stoi przede mną drobny, szczupły, kruchy staruszek (patrząc na siwe włosy Siniawskiego, na powolne ruchy, na zamyśloną twarz, przypomniały mi się jego słowa: „Nie spiesz się, zaczekaj, posłuchajmy, jak po epicku płynie czas"). W 1965 roku Breżniew zesłał Siniawskiego do gułagu. Tam zesłaniec napisał esej, który do dziś jest wśród Rosjan źródłem fermentu i sporu: *Przechadzki z Puszkinem*. Autor pokazuje Puszkina jako człowieka płytkiego, powierzchownego, jako pięknoducha i bawidamka: „Leżeć w pościeli, oto co Puszkinowi najbardziej odpowiada". Siniawski kończy swoje *Przechadzki* stwierdzeniem: „Niektórzy uważają, że z Puszkinem da się żyć. Nie wiem, nie próbowałem. Natomiast na pewno można się z nim zabawić".

Mówię mu, że esej ten do dziś robi wrażenie. Siniawski uśmiecha się. Wie, że ma rację. Jest przeciwny, żeby z Puszkina robiono ikonę. Przyjechał do Moskwy spotkać się z Gorbaczowem. Boleje nad tym, że Gorbaczow

51

został tak odsunięty, tak już zapomniany. „Ten naród nie ma żadnej pamięci – żali się. – Nie zna zupełnie uczucia wdzięczności. Po prostu tego uczucia nie ma w naszych, rosyjskich genach". I zaraz, jakbym po raz pierwszy słyszał o Gorbaczowie, zaczyna mi wyliczać jego zasługi w następującej kolejności: „1 – dzięki niemu mogę tu przyjeżdżać, 2 – oddał Europę środkowo-wschodnią, 3 – skończył zimną wojnę z Ameryką, 4 – zniósł cenzurę, 5 – uwolnił Sacharowa. To mało?" – pyta zgorzkniały, zgnębiony, że jego współrodakom, jego pobratymcom – to mało.

Dziennik André Gide'a, w przekładzie Joanny Guze („Krąg", 1992). Jak wówczas, w pierwszej połowie XX wieku, ludzie sztuki, ludzie literatury żyli razem tworząc grupy, kluby, szkoły, kawiarnie, salony! Impresjoniści, dadaiści, awangarda, kubiści – chodzi nie tylko o style, mody, orientacje artystyczne, ale o to, że istniały między nimi związki towarzyskie, przyjaźnie, duch wspólnoty. Gide spotyka się z dziesiątkami największych sław literackich, razem chodzą do restauracji, bywają w swoich domach, dyskutują, wymieniają listy. Znajomi Gide'a: Paul Claudel, Marcel Proust, André Malraux, Gabriel d'Annunzio, Thomas Mann, Jacques Maritain i wielu innych.

Ten rodzaj wspólnoty dziś nie istnieje. Wszyscy żyją, tworzą i działają osobno. Nie znają się nawet osobiście. Nie szukają kontaktu ni zbliżenia. Każdy jest osobną wyspą, utrzymującą jedynie związek z wydawcą, z właścicielem galerii, z redakcją czasopisma albo stacją telewizyjną. Stąd – między innymi – bezradność i słabość sztuki wobec wyzwań, jakie stawia epoka, a którym artyści – rozproszeni, pogubieni i pochowani w swoich niszach – nie są w stanie stawić czoła.

W 1921 roku Gide odwiedza Prousta. Autor *W poszukiwaniu straconego czasu* tworzy w mękach, przygnieciony pracą nad swoim dziełem. „Mogłem się przekonać – pisze Gide o Prouście – że naprawdę bardzo cierpi. Mówi, że całymi godzinami nie może poruszyć głową. I leży przez cały dzień, przez kilka kolejnych dni. Chwilami przeciąga po nosie skrajem dłoni, która zdaje się martwa, dłoni o palcach dziwacznie sztywnych i rozczapierzonych; nic nie robi większego wrażenia niż ten ruch maniacki i niezręczny, który zdaje się ruchem zwierzęcia czy wariata".

U Prousta w *W poszukiwaniu straconego czasu*: „Te zjawiska wirujące i mętne nie trwały nigdy dłużej niż kilka sekund". A opis tych zjawisk zajmuje Proustowi kilka stron! To skupienie na detalu, na drobiazgu, na chwili ulotnej!

Niezwykła, arcybogata postać Benjamina Franklina (1706-1790). Jakiż wulkan energii, jaka potęga umysłu! Robił w życiu dziesiątki rzeczy. Był drukarzem. Filozofem. Fizykiem (wynalazł piorunochron). Dziennikarzem. Wydawcą. Meteorologiem. Politykiem. Stworzył pierwszą w Ameryce bibliotekę publiczną i regularną pocztę. Był współtwórcą Deklaracji Niepodległości. Walczył o zniesienie niewolnictwa. Różne jego powiedzenia i definicje krążą po świecie do dziś, np. że „Bóg pomaga temu, kto pomaga sobie", albo, że „człowiek to zwierzę, które wytwarza narzędzia". Jest autorem pojęcia „self-made man". To było fundamentalną zasadą jego filozofii: człowiek musi sam sobie wszystko zawdzięczać. Winny go cechować: „aktywność życiowa, doczesność aspiracji, trzeźwość poglądów, pracowitość, wytrwałość, oszczędność, umiarkowanie, przezorna kalkulacja i metodyczne postępowanie, mierzenie cnoty użytecznością oraz przekonanie, że stosunek człowieka do pieniądza jest symptomatyczny dla jego poziomu moralnego i że zrównoważony budżet jest miernikiem mieszczańskiej cnoty" (Henryk Katz).

Ogrom dzieła Balzaka: „W 1845 roku Balzak sporządził katalog dzieł, które zawierać będzie *Komedia ludzka*; w sumie było tam wymienionych 137 powieści i nowel; z tych, jak wiadomo, ukończył tylko 91 pozycji (plus sześć powieści, które napisał później); reszta zaś pozostała w stadium projektów i szkiców" (Julian Rogoziński we wstępie do *Szuanów* Balzaka, „Czytelnik" 1953).
Kiedy zdążył to napisać? „Czternaście godzin pracy dziennie w okresie euforii, kiedy podtrzymuje swoją gorączkę twórczą za pomocą kawy, i co najmniej dziewięć, kiedy przepracowany organizm zaczyna odmawiać posłuszeństwa, przeciętnie więc dwanaście godzin dziennie – piszą G. Lanson i P. Tuffrau w swojej *Historii literatury francuskiej w zarysie* (PWN, 1963). – Zwykle kładzie się spać o szóstej po południu, ledwo przełknąwszy obiad. Wstaje o północy, pije kawę i pracuje do południa".

Stanisław Brzozowski o Henri-Frédéricu Amielu (1821-1881). Amiel był profesorem filozofii na uniwersytecie w Genewie. W mieście tym spędził prawie całe swoje życie, niemal samotnie. „Wydaje mi się – stwierdził potem – żem przeżył wiele dziesiątków, a nawet setek istnień." Przez 34 lata pisał swój *Journal intime* liczący 17 tysięcy stron! „Był tułaczem, pisze o nim Brzozowski, który wszędzie wchodzi, nigdzie jednak nie mieszka."

Wspaniały Karl Kraus (1874-1936). Ma 25 lat, kiedy zaczyna wydawać czasopismo „Die Fackel" („Pochodnia"). Przez ćwierć wieku (1911-1936) jest jego jedynym autorem, redaktorem i wydawcą. Jednym z głównych obiektów jego ataków była prasa – zwalczał ją, jako źródło wszelkiego zła, blagi, płycizny, głupoty. Jednocześnie napisał ponad trzydzieści książek, kilka tomów wierszy i trzy tomy aforyzmów. Tytan pracy, umysł niezwykle płodny, błyskotliwy, ostry, drapieżny, wizjonerski. Jego opus magnum to *Die letzten Tage der Menschheit* (*Ostatnie dni ludzkości*) liczący ponad osiemset stron dramat, w gruncie rzeczy niesceniczny. Jest to przebogaty montaż wydarzeń rozgrywających się w dziesiątkach miejsc, rozmów, refleksji, artykułów, napisów na murach, ogłoszeń, przemówień na wiecach itd. Ten typ literatury był popularny w pierwszych dekadach XX wieku, a więc w latach narodzin społeczeństwa masowego, masowej prasy i polityki, radia, kabaretów, gorączkowych wieców, światowej wojny i totalitaryzmów.

Jan Lechoń – *Dziennik*. Nieustanny lament, ciągłe narzekanie na niemoc twórczą, stale tylko: „piszę z wielkim trudem", „bardzo złe pisanie", „parę godzin przy stole bez żadnego rezultatu", „długa męczarnia i zwątpienie", „klęska zupełna" – i tak przez trzy opasłe tomy tego zapisu impotencji, poczucia jałowości, wyczerpania, wypalenia, ale czasem, jeżeli czyta się cierpliwie, można tam znaleźć zdanie cenne: „To, czego nam trzeba najbardziej, to złudzenia, że życie jest bajką". Albo: „Świat, który przeżył Buchenwald i Katyń, niczego już nie czuje". Albo o przedwojennej Warszawie (jedynej, jaką znał): „rozpaczliwa prowincja, odcięta od wszelkiej dziejowości, gdzie nie wolno było, aby stało się coś ważnego".

W tymże *Dzienniku* Lechoń przypomina, że Flaubert

wziął sobie za dewizę maksymę stoicką: „Ukrywaj swoje życie". Autor *Arii z kurantem* zgadza się z tym, bo „życie ma wiele znaczeń, których nie można zamknąć w systemie zwierzenia – każde wyznanie zuboża".

W swoim eseju o Goethem W. H. Auden pisze, że „Goethe, przez ostatnie dwadzieścia pięć lat życia, był międzynarodową atrakcją turystyczną. Dla każdego, kto odbywał wędrówkę po Europie, dla mężczyzny czy kobiety, starca czy młodzieńca, Niemca, Francuza, Rosjanina, Anglika czy Amerykanina odwiedziny u Goethego były równie ważną pozycją planu podróży, co zaliczenie Florencji czy Wenecji".

Goethe zasiedziały w małym miasteczku, jakim był Weimar (nigdy nie odwiedził nawet położonego blisko Berlina), miał jednak światopogląd i wizję Europejczyka: „Zamiast ograniczać się do samej siebie – pisał – niemiecka literatura musi mieścić w sobie świat, aby mogła na świat oddziaływać. Dlatego chętnie rozglądam się po obcych narodach i radzę każdemu, by czynił podobnie. Literatura narodowa wiele już dziś nie powie: nadchodzi czas literatury światowej i każdy powinien obecnie pracować w tym kierunku, aby czas ten przyspieszyć".

Rolland Barthes (1915-1980), największy obok Claude'a Lévi-Straussa, Michela Foucaulta i Jacquesa Lacana humanistyczny umysł współczesnej Francji, twierdził, że powinno się studiować nie biografie autorów, lecz teksty ich dzieł. Tak należy rozumieć jego hasło – „śmierć autorom!" Poza tekstem nie istnieje nic, ale poznanie tekstu jest tylko wówczas możliwe, kiedy stosunek czytelnika będzie do niego aktywny, twórczy.

Według Barthesa podstawową techniką dyskursu jest fragmentacja, czyli – dygresja, czyli – wycieczka. Fragment zajmuje miejsce pośrednie między relacją (anegdotą) a aforyzmem. Fragment – to trzecia forma. Jego struktura powstaje w wyniku zszywania (to metafora Prousta: dzieło robi się jak suknię). Fragment to „radykalna nieciągłość", to typ wypowiedzi, która jest „sposobem notowania", efektem otwarcia i zainteresowania codzienną rzeczywistością, ludźmi, wszystkim tym, co znaleźć można w życiu. Pisanie fragmentów to tworzenie przestrzeni eseistycznej, w której nie ma centrum. Taka właśnie jest ostatnia, pośmiertnie wydana w 1987 książka Barthesa – *Incidents*, „rzecz posłuszna jedynie nieodgadnionemu prawu postrzegania i kontemplacji", dzieło, na które składają się relacje ze zdarzeń, miniteksty, fałdy, haiku, zapisy, liście.

(Paweł Markowski, *Teksty drugie*, 2, 1990.)

Leopold Buczkowski: „Historię widzimy w przebłyskach. Czy będzie to major, czy krajobraz po bitwie, czy życie kochanki, czy batalion w kartoflisku – wszystko w przebłysku: drzewo, niecki, fasola na progu, owszem, nawet pończochy, ruch chwilowej namiętności – wszystko to rzuca się w oczy w nagłym błysku. Nie ma sposobu na objęcie całego widoku" (*Pierwsza świetność*).

Leopold Buczkowski: *Uroda na czasie*. Ponad dwieście stron nieustającego dialogu. Tematy ciągle się zmieniają. Nowe kwestie biorą się ze słów lub spraw poruszonych w zdaniu poprzednim. Bohaterem książki jest język. Język potoczny, codzienny, mówiony, np. wymiana zdań przy stole w czasie posiłku: banały, zdawkowe uwagi, obiegowe, trywialne zwroty. Czasem są to zdania jakby żywcem wzięte z wszelkiego rodzaju naiwnych, śmiesznych rozmówek dla turystów czy książeczek dla dzieci. Buczkowski rozkoszuje się samym językiem, słownictwem, melodią: język to dla niego rzeczywistość pełna i samowystarczalna; znając język nie potrzebujemy niczego więcej do przeżywania kultury i świata.

Pisanie jest dialogiem, polemiką, przy czym jest to jedyny możliwy sposób rozmowy poprzez stulecia, tysiąclecia.

Pół wieku czekał *Człowiek bez właściwości* Roberta Musila na swoje anglojęzyczne wydanie (Knopf, 1995). Na marginesie tej niesłychanej zwłoki (wszak chodzi o jedną z największych powieści europejskich XX wieku) pisarz amerykański William H. Gass pisze w „New York Review of Books" (11.1.1996): „Zaniedbania takie leżą w naszym zwyczaju, żeby wspomnieć tylko ciągle nieobecną u nas twórczość Hermanna Brocha czy Karla Krausa".

Typowa arogancja rynków wydawniczych wielkich języków powodująca, że tak trudno pisarzom nieanglosaskim czy, jak w wypadku rynku francuskiego, pisarzom niefrankofońskim, dostać się do księgarń Londynu, Nowego Jorku, Paryża!

Romantyczna koncepcja literatury wciąż określa skalę wartości w polskim piśmiennictwie. Według tej koncepcji literaturą jest to, co stanowi produkt natchnienia, objawienia, olśnienia, iskry bożej. Trzeba być pomazanym. Reszta to wyrobnicy, rzemiechy, woły. Stąd np. w niskiej cenie byli w naszej tradycji literackiej biografowie, bo pisanie biografii to żmudny trud, systematyczność, kopiowanie w archiwach, mrówcze kwerendowanie. Nic to, że w literaturze światowej wielkie są tradycje tego gatunku (Plutarch, Swetoniusz – w starożytności, Emil Ludwig, André Maurois, Sartre o Genecie, Vargas Llosa o Garcii Marquezie itd.). Biografistyka kwitnie zwłaszcza w literaturze anglosaskiej, w której pisze się biografie nie tylko o zmarłych, ale i o żywych, a takie pozycje, jak Jamesa Kinga *Virginia Woolf* czy Richarda Ellmanna *Oscar Wilde,* należą już do klasyki tego gatunku.

Tradycyjna akademicka historia literatury prowadzi od powieści do powieści, od poematu do poematu. Brakuje natomiast historii literatury, która biegłaby od dziennika do dziennika i obejmowała ten rodzaj pisarstwa uprawiany przez tak wielu pisarzy – właśnie Amiela, Gide'a, braci Goncourt, Juliena Greena, Camusa itd.

Słabość dyskusji o gatunkach literackich. Że traktuje się je statycznie, jako formy niezmienne. Tymczasem gatunki przechodzą ewolucję, zmieniają się.

Na ogół panuje przekonanie o łatwości pisania. Talent to w opinii ludzi – „lekkość pióra". Kiedy mówi się, że pisanie kosztuje wiele wysiłku i czasu, ludzie traktują to podejrzliwie, jako blagę, wykręt albo żart.

Jak duży jest udział fizycznego wysiłku we wszelkiej twórczości, popularnie uważanej wyłącznie za dzieło ducha, natchnienia, iskry bożej, itd. Ileż razy rzeźbiarz musi uderzyć młotkiem w kamień, ileż pisarz musi zaczernić kartek! Ludzie ci po skończonej pracy jakże są zmęczeni, fizycznie wyczerpani. Kiedyś byłem umówiony z Tadeuszem Łomnickim w jego garderobie. Zszedł właśnie ze sceny po przedstawieniu „Ostatniej taśmy"

Becketta, w którym grał rolę Krappa. Łomnicki usiadł na krześle, oparł ręce na kolanach, dyszał ciężko, mówił z trudem. Był cały mokry od potu.

Bolesław Prus w liście do Oktawii Rodkiewiczowej z 19.12.1890: „...proszę mi wybaczyć milczenie, bo dość, gdy powiem, że autora zaczynającego powieść powinni umieszczać w instytucie położniczym i tyle... ja, wówczas gdy piszę, jestem «wściekły pies». Jestem dziki, opryskliwy, nietowarzyski, impertynent, słowem – choroba morska".

William Blake: „Bez nieustannej Praktyki niczego uczynić nie można. Praktyka jest sztuką. Jeżeli zaprzestaniesz, jesteś zgubiony" (tłum. Wiesław Juszczak).

Przypomina mi się to, co napisał kiedyś Ernst Jünger: „Nie każdy dzień przynosi łowy. Ale każdy powinien być dniem polowania".

Pisanie podobne jest do pracy archeologa. Archeolog kopie w miejscu, w którym spodziewa się, że coś może być, że coś znajdzie. Jego zdobycze: skorupy naczyń, narzędzia, części ubiorów i mebli, resztki zabudowań, nawet ślady ulic i miast. W poszukiwaniach archeologa jest zawsze element niespodzianki i zaskoczenia, tajemnicy i nadziei. A po drodze – ileż odrzuconej ziemi, ile kopania, kucia, drążenia, ile mozołu i potu. Podobnie w pisaniu. Każda biała kartka jest wyprawą w nieznane. Poszukiwaniem, które tylko niekiedy kończy się odkryciem, znaleziskiem, zdobyczą.

Ucieczka energii twórczej, energii myśli i wyobraźni szczelinami w bok: a to zdenerwował nas opryskliwy urzędnik, a to po chamsku jakiś kierowca zajechał nam drogę. Już się denerwujemy, oburzamy. Zamiast poświęcić uwagę rzeczom ważnym, wyczerpujemy siły na czczych błahostkach, na bzdurach, na marnościach. Z prostej ekonomiki sił płynie wniosek, aby nie wychylać nosa z pracowni, nie wychodzić z celi klasztornej, nie opuszczać pustelni.

Joan Mellon z Temple University w Filadelfii zaprosiła mnie na zajęcia, które prowadzi z młodymi adeptami sztuki pisarskiej. Tematy niby proste, ale w praktyce okazały się szalenie trudne: opisać pokój, w którym mieszkasz. Opisać twoją ulicę. Opisać las. Rzekę. Brzegi tej rzeki. Wyrabiać wzrok, uwagę, spostrzegawczość. Wprawiać rękę.

Ralph W. Emerson: To dobry czytelnik tworzy dobre książki.

Kryzys literatury bierze się także z kryzysu czytelnictwa, ze sposobu, w jaki ludzie czytają. Czytelnik jest dziś częściej biernym, powierzchownym odbiorcą niż uważnym, skupionym współuczestnikiem tworzenia literatury. Podają alarmujące statystyki, że wielu ludzi nie kupuje książek, nie czyta ich. Ale równie niepokojące jest to, że ci, którzy czytają, czynią to źle – pośpiesznie, nieuważnie, „po łebkach". Nawet jeżeli przeczytają książkę, to tylko pozornie, niewiele z niej pamiętając. W ten sposób rozmijają się, nigdzie się nie spotykając, dwa różne rytmy: rytm pisania – powolny, skupiony, refleksyjny, oraz rytm czytania – ten właśnie przelatujący po powierzchni liter i zdań (jednym z absurdów naszej cywilizacji są tzw. szkoły szybkiego czytania. Najlepiej byłoby uczyć w nich na tekstach Husserla czy Heideggera). Przypomina mi się wywiad przeprowadzony w latach pieriestrojki w telewizji moskiewskiej z jakimś człowiekiem, który oznajmił, że w ciągu jednego dnia przeczytał wszystkie dzieła Lenina (ponad 50 tomów). Jak wyście to zrobili? – pyta reporter. A to proste, odpowiedział ów człowiek. Lenin pisząc – najważniejsze myśli podkreślał. Otóż przeczytałem tylko te podkreślenia, a reszta przecież nie jest taka ważna.

W akcie kupowania książki jest często naiwne, nieuświadomione złudzenie, że kupić i mieć ją, to tyle co przeczytać. Że przez samą obecność w domu, na stole, na półce, książka, jej treść, jej duch i mądrość niejako osmotycznie przenikną w nas.

W jednym księgarnie upodabniają się coraz bardziej do piekarń: chcą mieć tylko świeży towar.

30.9.96
Wręczenie nagród w PEN-Clubie. Przemiła Szymborska – skromna, życzliwa, uśmiechnięta. – Tak wspaniale Pani wygląda! – powiedziałem jej na powitanie. – To tylko dzisiejsze kosmetyki – odparła żartobliwie. Bardzo uprzejmy, bardzo cichy Jan Józef Szczepański. Zaprasza mnie do swojej chaty gdzieś, w górach. Trzeba rąbać drzewo i przynosić wodę. Nie ma telefonu! – kusi.

Run na wiersze Wisławy Szymborskiej po komunikacie o Nagrodzie Nobla. Jeszcze w przeddzień w różnych księgarniach można było kupić jej tomiki. Nazajutrz, po ogłoszeniu werdyktu, książki jej zniknęły z półek w ciągu kilku godzin.

Przykład, jak bardzo jesteśmy manipulowani, jak reklama dotykając (naciskając, pobudzając) odpowiednie ośrodki w sercach, mózgach, porusza nami w dowolnym, przez siebie pożądanym kierunku.

Jedna z trudności w odbiorze poezji, w jcj rozumieniu i przeżywaniu powstaje ze zderzenia dwóch różnych rytmów: pisania wierszy i ich późniejszej lektury. Wierszy na ogół pisze się mało. Powstają one powoli. Poeta czasem ciuła latami, żeby uzbierać tomik (Philip Larkin publikował tomik wierszy co dziesięć lat). Tymczasem czytelnik bierze ten tomik do ręki i stara się przeczytać go od razu, wiersz za wierszem, często jednym tchem. Szybko następuje „zadławienie": zmęczenie uwagi, osłabienie wrażliwości. Tylko świadomość nieprzystawalności tych dwóch rytmów może powstrzymać nas przed zbyt szybkim połykaniem rzeczy, która wymaga powolnego i skupionego smakowania.

Sztuka jest arystokratyczna. Kultura może być masowa – sztuka nigdy. Sztuka – to arystokracja kultury.

styczeń 96
Wiadomość, że umarł Josif Brodski. Poznałem go w 1988, w Stanach Zjednoczonych, w Amherst. Miałem tam wieczór autorski, na który Brodski przyszedł z Piotrem Sommerem. Właśnie dostał niedawno Nobla. „Kak połucził etu sztuczku" – powiedział o nagrodzie. Mówiliśmy o Rosji. Jej przyszłość widział w ciemnych barwach: „Zniknie czerwona gwiazda, to pewne, ale jej

miejsce zajmą religijne fundamentalizmy – krzyż i pół-księżyc". Jeszcze spotkałem go na kolacji amerykańskiego PEN-Clubu w Nowym Jorku, a potem w jakiejś straszliwie zatłoczonej sali, w której występowało ich czterech: on, Miłosz, Adonis i Walcott.

W jego ubiorze, w sposobie bycia, była absolutna zwyczajność, prostota, nawet – niedbałość, w czym podobny był do swojego mistrza i literackiego ideału – Wystana Audena. Palił dużo, w ogóle nie oszczędzał się, mimo bardzo już chorego serca. Uważał, że żyje po to, aby tworzyć a palenie pomagało mu w pisaniu. Naturalność, życzliwość, zawsze promieniowały z tego cudownego człowieka i myślę, że wspomnienia o nim będą pełne ciepła i dobrych słów.

Ci, którzy znali Norwida, wspominają, że trzymał się na uboczu, zamknięty w sobie odludek. On sam potwierdza to w jednym ze swoich listów: „Stąd to idzie, że nie LECĘ do żadnej organizacji towarzystw literackich, bo to zawsze wychodzi na opuszczenie w a ż n i e j-s z y c h   p r a c   d l a   e f e m e r y d".

Paul Valéry spytał kiedyś Einsteina, czy posługuje się notesem, czy fiszkami, aby utrwalić swoje myśli. „Nie potrzebuję niczego – odpowiedział Einstein. – Wie pan, myśli to rzadka rzecz" (A. Vallentin – *Dramat Alberta Einsteina*).

Z literaturą stało się to, co wcześniej stało się z malarstwem: nastąpiło umasowienie poprawności. Wszystkiego jest coraz więcej, ale to   w i ę c e j   to rozrost owej przeciętnej poprawności. Poprawność – ta kategoria sprawia nam wiele kłopotów, kiedy przychodzi nam wybierać, wartościować. Ciągle stajemy wobec wytworów, o których chce się powiedzieć: „no, właściwie, to może być", „no tak, to jest nawet dobre", „tak, to jest na swój sposób ciekawe" itd., itp. Chodzi tu o tę masę dzieł, które pozostawiają nas zupełnie obojętnymi, na których banał, pustkę, pozór czy dziwactwa odpowiadamy wzruszeniem ramion.

Kultura masowa to nie tylko masowy odbiorca, ale i masowy twórca czy wytwórca. Za wszelką cenę chce zwrócić na siebie uwagę krzykliwością i dosadnością barwy, dźwięku, słowa.

Heterogeniczność w pisaniu (w malowaniu, w komponowaniu) może także oznaczać brak pewności. Oto rzeka natrafia nagle na przeszkody, jej równy, mocny, dynamiczny nurt, nie mogąc toczyć się dalej swoim korytem – zaczyna rozgałęziać się, szukać nowych ujść, rozchodzić się, tworzyć odnogi, kanały, ramiona, zakosy, labirynty, strugi, zatoki.

Tak jest i z pisaniem. Heterogeniczność będzie w tym wypadku zawahaniem, zawirowaniem i – dalszym poszukiwaniem.

Robert Musil: „Ja – nie będzie w tej książce oznaczać ani autora, ani wymyślonej przezeń postaci, lecz zmienną mieszaninę ich obu" (*Dzienniki*, 1921).

W niczym myśl, wyobraźnia ludzka nie przejawiły tyle inwencji, co w wynajdywaniu języków. Tysiące języków i gramatyk, miliony słów. Języki, które rodziły się i ginęły, które ciągle rodzą się i nadal giną.

A także – języki martwe. Języki, których nie rozumiemy, bo zostały zapisane, ale tego pisma nie umiemy odczytywać.

Sami uczestniczymy w tworzeniu języka (jedna z teorii mówi, że język wymyślają dzieci. Przykład – gwary podwórzowe i szkolne).

16.6.96

Pisząc o malarstwie Mariusza Kałdowskiego napotkałem trudność – trudność języka, brak słów, określeń, terminów. Każda dziedzina ma swoje słownictwo i nie można bezkarnie, bez groźby zubożenia swojej wypowiedzi przeskakiwać z jednej dziedziny do drugiej. Nie można tego samego dnia pisać o: 1 – malarstwie, 2 – biologii molekularnej, 3 – poezji, 4 – etnometodologii, bo po prostu nie można co godzinę zmieniać języka.

Mówi się – poliglota to ten, który zna kilka różnych języków. Okazuje się, ze trzeba dziś być poliglotą w obrębie własnego, ojczystego języka!

Razem z tobą, tuż obok, rosną, dojrzewają i pęcznieją nienawiścią twoi wrogowie. Często nie wiesz o nich nic, nie wiesz nawet, że są, dopóki nie wypuszczą w twoją stronę (najczęściej znienacka) zatrutej strzały. Zwróciła na to uwagę Zofia Nałkowska, kiedy po ukazaniu się *Granicy*, „Marchołt" wydrukował recenzję Stefana Kołaczkowskiego. „Jest ona zupełnie jak uderzenie pałką w głowę, w zaułku, gdzieś na zakręcie drogi – pisze Nałkowska w swoim dzienniku – gdy człowiek się niczego nie spodziewa – tak zajadła, tak napastliwie wroga, tak unicestwiająca. Rzecz napisana w ciągu pół godziny, byle jak, bez motywów i dowodzenia – ale jakaż pewność słów i sądów, swego lepszego gatunku, swej wyższości. Jaka nienawiść!"

Utrapieniem ludzi sławnych jest to, że kuszą miernoty do napaści. Te ostatnie liczą, że atakując sławnego człowieka same zdobędą odrobinę sławy.

James Wood w „New Republic" (12.7.96):
„Literatura, która chce odkryć, jest piękniejsza od tej, która wie wszystko". Pisarz powinien sprawiać wrażenie, że
– wie mniej, niż więcej,
– że sugeruje, a nie stwierdza,
– że stoi przed czymś, co niewypowiedziane, nie zaś, że obwieszcza ex cathedra.

Tomasz Mann: „każda historia (żeby być opisaną – R.K.) musi być miniona i im bardziej jest miniona, tym lepiej..."

Jest proza elegancka, kunsztowna: Proust, Woolf, Mann. Jest proza trudna, filozofująca, przez którą trzeba przedzierać się z wysiłkiem, w skupieniu: to Broch, Musil. Jest wreszcie proza jak pobojowisko: widać na niej ślady zmagań, potyczek, krwawego potu. Są w tej prozie sęki, zadry, jest chropawość, są pęknięcia, garby, wykroty: to Lowry, Weil, Peter Weiss, Rozanow.

Nawet w najlepszej prozie muszą być fragmenty banalne. Są one niezbędne jako odprężenie dla uwagi, którą nieustanne napięcie szybko męczy i stępia. Są konieczne jako oddech, jako moment luzu i wytchnienia przed wspinaczką na wysoką górę. Przykładem Dostojewski, w którego książkach, obok stron genialnych, można znaleźć oczywiste banały.

W 1975 roku Julien Green zanotował w swoim *Dzienniku*: „Gdybym mógł zapamiętać wszystko, co przeczytałem, zwariowałbym. Pamięć poddaje się sama zbawiennym operacjom, wyrzuca przez okno tysiące tomów. Myślałem, żem nie czytał nigdy *Sezama i lilii* Ruskina. Wczoraj przeglądałem egzemplarz, były w nim adnotacje robione moją ręką w roku 1930".

Wiele dotychczasowych cywilizacji czciło jako obiekt kultu K s i ę g ę: Wedy, Biblię, Koran, Popol Vuh. Co będzie takim obiektem w naszej cywilizacji? Komputer?

W 1988 roku prowadziłem warsztaty literackie na uniwersytecie Temple w Filadelfii. Moje seminarium: 15 młodych amerykańskich poetów, powieściopisarzy, reporterów i dramaturgów. Dyskutowaliśmy o tym, jak pisać, rozmawialiśmy o stylu, kompozycji i języku. Po południu miałem czas wolny, więc chodziłem do biblioteki. Na drzwiach jednego pokoju była tabliczka z napisem: Poetry Room. Wewnątrz, na półkach stały rzędy tomików wierszy, na stole leżały czasopisma poświęcone poezji. Zacząłem szperać po półkach, przeglądać książki i pisma z początku ze zwykłej ciekawości, ale z czasem już bardziej systematycznie. Jedno bowiem zwróciło moją uwagę, a mianowicie dziesiątki, setki nazwisk poetów, które widziałem po raz pierwszy, mimo iż myślałem, że coś niecoś o poezji amerykańskiej wiem. Nazwiska te pojawiały się w tomikach wydanych przed laty, a potem ich poetycki żywot nagle się urywał i ginął. Poeci znikali, nie było ich świeżych wierszy. Na nowych tomikach widniały zupełnie inne nazwiska – zresztą też mi nie znane.

Dowiedziałem się, jak odbywa się w tym kraju obieg poezji. Poeci z jednego uniwersytetu wysyłają wiersze poetom z innych uniwersytetów, a ci wysyłają im swoje itd. Są to tomiki poezji albo wiersze drukowane w czasopismach literackich, lub po prostu pisane na maszynie czy komputerze. Wiersze te, czytane lub nie, trafiają potem na półki owych Poetry Rooms, które można spotkać na wielu uniwersytetach.

Ale nie ten zamknięty obieg poezji najbardziej mnie zaciekawił. Rzucało się w oczy co innego, a mianowicie – ulotność, kruchość, nietrwałość poetyckiego losu. Całe litanie nazwisk, które napotykamy po raz pierwszy i które po jakimś czasie, często bardzo krótkim, znikają na zawsze. I już następne i następne. Ale co się stało z tamtymi sprzed pięciu lat? Sprzed dwóch? Sprzed roku? Dlaczego dalej nie piszą? I czym się teraz zajmują? Gdzie pracują? Czy jeszcze interesują się poezją? Czy pamiętają, że sami drukowali wiersze? Wydawali tomiki? Czy poezja była tylko epizodem w ich życiu, który nie zostawił śladu, o którym zapomnieli? Bo tylko kilka nazwisk pozostawało na lata, powracało, istniało: Ashbery, Creeley, Ginsberg.

Podobnie, choć bardziej stabilnie, wyglądała sytuacja wśród prozaików. Ale i tu widoczna była płynność, i tu pisanie, poza wyjątkami, było nie tyle treścią życia, ile przygodą, a nawet grą czy luksusem. Literatura nie była więc dla nich posłannictwem, karierą, z którą wiązali swoją przyszłość, całe życie, której się w pełni i na zawsze oddawali.

Ta płynność i efemeryczność środowiska literackiego, jego niestały, a nawet przypadkowy charakter uderzyły mnie może dlatego, że będąc w Filadelfii mieszkałem w domu asystentów wydziału biologii tego samego uniwersytetu. Z czasem poznałem wielu z nich, zapraszali mnie do siebie. W porównaniu z moimi kolegami po piórze byli to ludzie zupełnie inni! Ich kariery miały wytyczony mocnymi liniami szlak, którego nawierzchnia była twarda, zrobiona z solidnego, trwałego materiału.

Od początku do końca byli biologami, biologami tylko i wyłącznie, za wszelką cenę i do końca życia. Z góry wiedzieli, co będą robić dziś, za dwadzieścia lat i za czterdzieści. W ich wyborze i powołaniu była jakaś determinacja i ufność, pewność i duma. Duch śmiałej i wielkiej przygody. Pasja. Mrówcza, zaciekła pracowitość.

Tak więc były to dwie różne grupy ludzi. Pierwszą cechowała niepewność, nawet nieśmiałość, brak przekonania, że to, co robią, jest wyborem na całe życie, drugą – silna wola i optymizm. A te postawy muszą przecież mieć wpływ na wynik ostateczny: na polu literatury czy w dziedzinie nauki.

Filadelfia przypomniała mi się teraz, w czasie lektury książki zredagowanej przez amerykańskiego fizyka – Johna Brockmana – *Trzecia kultura*. Brockman zapowiada w niej koniec literatury tradycyjnej (albo, jak czasem mówimy – literatury pięknej). Ona już nic nie wnosi, nic w niej już nie ma, to – jak powiedział inny Amerykanin, John Barth – literatura wyczerpana. Zamiast niej, pisze Brockman, „odkryłem pojawienie się zupełnie nowego rodzaju literatury. Spotkałem grupę fascynujących osób i wielkich uczonych, z których wielu było autorami bestsellerów nie kwalifikujących się do żadnego ze znanych gatunków literackich. Ich książki nie były powieściami, popularyzacją nauki, dziennikarstwem czy biografiami – była to żyjąca nauka.

Powstaje trzecia kultura.

Trzecia kultura to uczeni, myśliciele i badacze świata empirycznego, którzy dzięki swoim pracom i pisarstwu przejmują rolę tradycyjnej elity intelektualnej w poszukiwaniu odpowiedzi na pytania od zawsze nurtujące ludzkość: czym jest życie, kim jesteśmy i dokąd zmierzamy".

Warszawa, 29.10.96

Dzień szary. Deszczowo. W tej wilgoci wszystko wydaje się zamazane, rozpuszczone, płaskie, nie widać drugich planów, pejzaż nie ma głębi. Nagle z krzaków wybiega pies, kręci się chwilę i znika we mgle. Ptasi koncert na wysokim jaworze: stroją głosy przed odlotem do ciepłych krajów. Ściany domów w zaciekach, mokre, złuszczone jak ryby. Ulica pusta, dziurawa, pokrzywiona jak dekoracja w opuszczonym teatrze. Pan w telewizorze zapowiada falę zimna i okrywa się kraciastym szalikiem.

Paradoksy reportażu: choć reportaż kojarzy się z prasą, rzadko jest uprawiany przez dziennikarzy. Jest to gatunek bardzo czasochłonny, a dziennikarze pracujący w redakcji mają mało czasu. W antologii Egona Erwina Kischa pt. *Klasycy dziennikarstwa* są działy takie, jak *Artykuł wstępny*, *Kronika lokalna*, *Felieton*, ale nie ma działu pt. *Reportaż*. Zresztą w antologii tej, wśród kilkudziesięciu autorów jest Martin Luter, Jonathan Swift, Wiktor Hugo czy Henryk Heine, nie ma natomiast prawie żadnego dziennikarza. W innej, opasłej antologii reportażu *The Faber Book of Reportage* jest Tacyt, Marco Polo, Chateaubriand, Dickens, Flaubert, są dziesiątki innych pisarzy, naukowców i podróżników, ale bardzo niewielu dziennikarzy.

W sumie jest więcej reportaży niż reporterów, a to dlatego, że większość reportaży na świecie napisali nie reporterzy, lecz prozaicy, poeci, uczeni, wojskowi. Przede wszystkim jednak – pisarze. U nas np. Sienkiewicz, Reymont, Umiński, Ossendowski, Kuncewiczowa, Pruszyński, Nałkowska, Gombrowicz, właściwie niewielu można wymienić tych, którzy nie pisali reportaży.

Na temat sytuacji i miejsca reportażu w literaturze pisał w 1987 roku profesor literatury angielskiej z Oxfordu – John Carey:

„Pytanie, czy reportaż jest «literaturą», nie jest samo w sobie ciekawe ani nawet znaczące. «Literatura», jak ją obecnie pojmujemy, nie jest obiektywnie ustanowioną kategorią, do której poszczególne dzieła zaliczają się z natury rzeczy. Jest raczej terminem – stosowanym przez instytucje i ciała opiniotwórcze oraz inne grupy kontrolujące kulturę – mającym na celu nadanie wyższej rangi tym tekstom, którym z jakiegoś względu chcą nadać większą wartość. Zatem pytanie, jakie warto by zadać, to nie – czy reportaż jest literaturą, ale dlaczego intelektualiści i instytucje literackie tak usilnie odmawiają mu tego statusu.

Niechęć wobec mas uznanych za odbiorców reportażu jest oczywistym czynnikiem sprzyjającym rozwojowi takiego przesądu. Terminologia, za pomocą której to się wyraża, ma często ukryty społeczny sens. «Wysoką» kulturę odróżnia się od «trywialności», jaka rzekomo cechuje reportaż. To dyskredytowanie reportażu odzwierciedla wszakże chęć promowania tego, co nierealne, nad to, co rzeczywiste. Uważa się, że dzieła wyobraźni z założenia stoją ponad innymi, a także odznaczają się pierwiastkiem duchowym, którego brak «dziennikarstwu». Twórczy artysta ma do czynienia z prawdami wyższymi niż te rzeczywiste, a to daje mu wyłączność na wgląd w ludzką duszę.

Takie przekonania zdają się być pozostałościami magicznego myślenia. Uciekanie się do wyobrażeń o wznoszeniu się na szczyty, manifestowane przez ich zwolenników, jak również nacisk na czystość, wzdraganie przed ziemskim skalaniem oraz wiara w natchnienie, wszystko to należy do tradycyjnych mitów o duszpasterstwie i tajemnych kultach. Osoby o takich poglądach na literaturę są także skłonne odrzucać próby szukania powiązań między dziełami a życiem ich twórców, podejmowane przez krytyków. Istnieje przekonanie, że podejście biograficzne deprecjonuje literaturę poprzez wiązanie jej ze zwykłą rzeczywistością: należy oddzielać teksty od ich autorów i kontemplować je jako czyste i oderwane lub – w najlepszym wypadku – w towarzystwie innych równie czystych i oderwanych tekstów.

Przesądy, kryjące się za tymi dogmatami, mogą być równie ciekawe, jak pozostałości prymitywnych kultur, ale źle by się stało, gdyby nadać im wagę poważnego argumentu w dyskusji. Przewaga reportażu nad literaturą wyobraźni jest wyraźna. Aby bowiem literatura wyobraźni mogła osiągnąć swój efekt, czytelnik musi dobrowolnie i z góry uwierzyć w to, o czym ona mówi. To z kolei musi pociągać za sobą element gry, zmowy czy samooszukiwania. W przeciwieństwie do tego, reportaż opisuje to, co rzeczywiste, co literatura może poruszyć jedynie poprzez fikcję.

Niemądrze byłoby oczywiście obniżać rolę literatury wyobraźni z tego powodu. Sam fakt, że nie jest ona rzeczywista, że jej smutki, miłości i śmierci są pozorne, jest jedynym powodem, jaki nas do niej przyciąga. Jest snem, który w każdej chwili możemy przerwać, dzięki czemu wśród ciągłych konieczności realnego życia daje nam cenne złudzenie wolności. Pozwala nam doświadczyć rozkoszy namiętności oraz innych uczuć (złości, strachu, współczucia itd.), które w normalnych warunkach pojawiłyby się tylko w sytuacjach związanych z bólem czy zmartwieniem. W ten sposób uwalnia nas i poszerza pole naszego życia uczuciowego. Wydaje się prawdopodobne, że większość czytelników traktuje wiele – jeżeli nie znaczną część – reportaży jako fikcję. Przedstawione w reportażach nieszczęścia czy katastrofy nie są odbierane jako coś rzeczywistego, lecz jako coś, co przynależy do nierealnego świata, dalekiego od ich własnych trosk i natrętnej rzeczywistości. Z tego właśnie powodu reportaż był w stanie zająć miejsce literatury wyobraźni w życiu większości ludzi. Wolą czytać gazety niż książki, a gazety te mogą równie dobrze być przepełnione fikcją, tak jak powieści Frayna.

Jakkolwiek by to było przyjemne, ukazuje jednak ucieczkę od rzeczywistości, tak jak literatura wyobraźni, a celem dobrego reportażu jest tę ucieczkę uniemożliwić. Reportaż skazuje nas na wygnanie z krainy fikcji w gorzkie tereny prawdy. Wszyscy wielcy dziewiętnastowieczni pisarze-realiści – Balzak, Dickens, Tołstoj, Zola – zbliżali się do technik reportażu, wprowadzając do swych powieści relacje naocznych świadków oraz historie z gazet, tak by nadać im jeszcze większe poczucie realizmu. Ale cel, ku któremu zmierzali, był zawsze poza ich zasięgiem. W najlepszym wypadku mogli stworzyć imitację reportażu, pozbawioną jego najistotniejszego elementu: świadomości czytelnika, że to wszystko wydarzyło się naprawdę.

Kiedy czytamy (by podać najbardziej jaskrawy przykład) relacje świadków, którzy przeżyli Holocaust, nie możemy się pocieszyć (tak jak to robimy czytając opisy cierpiących w powieściach realistycznych), że wszystko to jest tylko fikcją. Przedstawione fakty domagają się naszego uznania i zmuszają nas do zareagowania, choć nie wiemy jak. Czytamy szczegóły – Żydzi czekający na egzekucję na skraju masowych grobów; ojciec pocieszający syna i wskazujący na niebo; babcia zabawiająca malutkie dziecko – i już jesteśmy owładnięci naszą własną niemożnością, absurdalną chęcią pomocy, współczucia, które pozostaną nieukojone i niepotrzebne. Choć może nie do końca niepotrzebne. Ponieważ na tym poziomie (tak, by każdy mógł mieć nadzieję) reportaż może zmieniać swych czytelników, kształcić ich uczucia, poszerzać – w obie strony – ich poglądy na temat tego, co znaczy być człowiekiem, może ograniczyć ich tolerancję dla tego, co nieludzkie. Te osiągnięcia przypisywano zazwyczaj literaturze wyobraźni. Ale skoro reportaż – w przeciwieństwie do literatury – pozbawia rzeczywistość wszelkich ozdób, jego nauki są i winny być bardziej znaczące. I skoro dociera do milionów nie tkniętych przez literaturę, ma możliwości nieporównanie większe".

Reportaże różnią się poziomem (co oczywiste) i przeznaczeniem. Może być reportaż gazetowy, doraźny, rodzaj „zbeletryzowanej informacji". Ale są też reportaże bardziej ambitne – literackie, socjologizujące, antropologiczne.

Ze względu na bohatera, reportaż można podzielić na trzy typy:
1 – w którym bohaterem jest wydarzenie (np. zabójstwo prezydenta Kennedy'ego w Dallas),
2 – bohaterem jest problem (np. bezrobocie, malaria),
3 – bohaterem jest autor (np. opisujący swoje wrażenia z podróży do Brazylii).

Kisch. Czym jest reportaż? „Jest formą wypowiedzi"
(w *Jarmarku sensacji*).

Definicja reportażu będzie zawierać dwa elementy:
a – intencjalność projektu: jadę gdzieś celowo (lub
zostałem tam wysłany), żeby zdać sprawę;
b – temat został wzięty z życia (jest wydarzenie czy
problem, jadę, zbieram materiał – rozmowy, dokumenty,
wrażenia – piszę, drukuję w prasie lub wydaję książkę,
robię film, audycję).

W trakcie pisania tych notatek znalazłem jeszcze inne
definicje reportażu:
– „Gatunek publicystyczno-literacki" (*Słownik terminów literackich* pod red. Janusza Sławińskiego, 1988);
– rodzaj pisarski, który stara się przekazać prawdziwą
i szczegółową relację o wydarzeniach bezpośrednio widzianych lub sprawach dokładnie udokumentowanych:
„wydaje się, że można by powiedzieć wprost – jest to
jedyny gatunek literatury, który ma wartość" – George
Orwell (*Encyclopaedia Britannica*, 1986);
– „Reportaż jest gatunkiem literackim, który może
stać się jedną z najważniejszych form literatury" – Jean
Paul Sartre, w *Robert* 1984.

Hasło „reportaż" pojawia się w słownikach stosunko-
wo niedawno. Nie ma go w *Słowniku języka polskiego*
Jana Karłowicza z 1912 r., nie ma w słowniku Larousse'a
z 1923 r. ani we wspomnianych już *Klasykach dziennikarstwa* wydanych przez Kischa w tymże 1923 r. Toteż
jako rodzaj świadomie uprawiany, wyodrębniony, reportaż jest młodym czy nawet najmłodszym gatunkiem lite-

rackim, produktem epoki masowego społeczeństwa i masowej komunikacji, podróżowania, kontaktów wielokulturowych, globalnych mediów.

Reportaż, mimo że określenie jest francuskie, najmocniej osadzony jest w tradycji literatury anglosaskiej. Reportaże pisali Mark Twain, Jack London, Herman Melville, Richard Wright, Ernest Hemingway, John Steinbeck, Norman Mailer i wielu innych pisarzy amerykańskich. Długa jest również lista pisarzy angielskich, z których wielkie reportaże pisali m.in. Charles Dickens, D. H. Lawrence, Aldous Huxley, Evelyn Waugh. Także w innych językach pisarzy uprawiających reportaż były i są dziesiątki: Claude Roy, Amos Oz, Heinrich Böll, Elias Canetti, Hans Magnus Enzensberger, Ilia Erenburg, Joseph Kessel, Arthur Koestler, Jean Baudrillard i tylu innych.

W wielu znanych mi krajach pisarze, filozofowie, artyści systematycznie i często pisują w gazetach: w Ameryce Łacińskiej – Gabriel García Márquez, Carlos Fuentes, Mario Vargas Llosa. We Francji – André Gluksman, Allain Finkelkraut, Jacques Derrida. W USA – John Updike i Elizabeth Hardwick, we Włoszech – Umberto Eco, w Niemczech – Günter Grass itd. – ich reportaże, eseje i felietony są stale obecne na łamach dzienników i czasopism.

The New Journalism: przełom w dyskusji, czy reportaż jest literaturą, następuje w latach 60-tych. W Stanach Zjednoczonych Tom Wolff występuje z tezą, że ponieważ fikcjopisarze amerykańscy pomijają milczeniem całe dziedziny życia społecznego i politycznego (a są to na Zachodzie lata rewolucyjne), konieczne jest, aby tematy te podjęli „nowi dziennikarze". Stąd jego termin: nowe dziennikarstwo. Za czołowych, amerykańskich przedstawicieli tego nowego gatunku uważa się właśnie Toma Wolffa (np. *The Right Stuff*), Normana Mailera (np. *Advertisements for Myself*), Huntera S. Thompsona (np. *The Great Shark Hunt*) i Trumana Capote, który starał się stworzyć tzw. powieść faktu.

Reportaż, jako gatunek pisarski, przechodzi ewolucję od dziennikarstwa do literatury. Przyczyną jest tu m.in. słabnąca rola prasy (print press) na rynku opinii. Na rynku tym, na którym panowali dawniej politycy i dziennikarze piszący (były to często zajęcia i zawody wymienne), pojawiła się nowa, dominująca postać – dircom (szef, menedżer komunikacji, mediów) – to on kształtuje dziś gusta, zainteresowania i poglądy publiczności. Misja społeczna, interwencyjna wielkiej prasy zanika, dzienniki stają się rzecznikami różnych grup interesów, ich krytycyzm, społecznikostwo, bojowość słabną. W tej sytuacji reportaż – z natury swojej gatunek walczący – traci rację bytu, jest eliminowany z łamów gazet (pod różnymi niemerytorycznymi pretekstami) i znajduje swoje nowe miejsce w prasie literackiej lub wydawnictwach książkowych. Oczywiście dotyczy to reportażu wysokiej, artystycznej klasy (to, co Francuzi nazywają – le grand reportage). Doraźny, ulotny, pobieżny reportaż po prostu znika.

Collage, symbioza: reportaż często czerpie dziś z technik charakterystycznych dla powieści czy opowiadania, a tzw. literatura piękna chętnie sięga do zdobyczy reportażu. Ale i dawniej tak bywało. W pilności zbierania materiałów powieściopisarze nie różnili się od reporterów. Oto jak Balzak zbierał materiały do swojej powieści *Szuanie*:

„Jesienią 1827 roku wyrusza w teren, do Fougéres, gdzie skoncentruje akcję *Szuanów*. Gości tam u generałostwa de Pommereul, z którymi jeszcze w Tours przyjaźnili się jego rodzice. Przetrwały tu żywo wspomnienia o szuańskim rokoszu, generał de Pommereul i wielu jego znajomych pamięta doskonale tę wojnę domową. Z rana Balzak wędruje po folwarkach i polach, wśród skał i wrzosowisk, zapuszcza się w zapadłe drogi i między opłotki, zwiedza wszystkie kąty, obserwuje o różnych porach dnia i w rozmaitym oświetleniu górę Pélerine i dolinę Couësnon. Wieczorem pisze. Spędził tak dwa miesiące. Czytając *Szuanów* przekonacie się, jak dokładnie przyjrzał się wszystkiemu: ludziom, obyczajom, krajobrazowi; jak sumiennie, z drobiazgowością stratega badał topografię tych okolic. Spotkacie się z rozważaniami na temat społecznych i ekonomicznych przyczyn rebelii, do której – jak sam widzi – nie doszłoby zapewne, gdyby nie nędza i ciemnota bretońskiego ludu oraz agitacja tamecznego kleru; zobaczycie nie tylko ówczesną wojnę partyzancką, lecz i poznacie metody jej prowadzenia. Balzaka interesuje wszystko: system uprawy roli, hodowli bydła, wierzenia, zabobony, rozmieszczenie gospodarstw, a nawet jakość i pochodzenie sprzętów, które widział w chałupach" (Julian Rogoziński).

Temat? Jak znajdować temat?

Otóż wszystko jest tematem. Babel pisze: „Stylem dokonujemy naszych podbojów, stylem! Mógłbym napisać opowiadanie o praniu, a zadźwięczy jak proza Juliusza Cezara. Od języka i stylu zależy wszystko". I żali się, że zrobił już 22 redakcje krótkiego opowiadania, a jeszcze nie jest pewien, czy ta ostatnia nadaje się do druku.

Współczesny antropolog amerykański – Clifford Geertz w swoim eseju *O gatunkach zmąconych*, napisanym jeszcze w 1980 roku, zwracał uwagę, że „w ostatnich latach nastąpiło niebywałe pomieszanie form gatunkowych i pomieszanie to nie słabnie". Sytuację w literaturze – pisze – cechuje „zatarcie granic między gatunkami": „Dzisiejsze skotłowanie form wezbrało do punktu, w którym nie tylko trudno zaszeregować autora... ale i zaklasyfikować dzieło... Zamiast ustawionych w zwartym szyku rodzajów naturalnych, sztywnej, ostro zróżnicowanej pod względem jakościowym typologii, coraz bardziej dostrzegamy wokół nas rozległe, niemal nieprzerwane pole rozmaicie pomyślanych i różnorodnie skomponowanych utworów, które umiemy porządkować jedynie z punktu widzenia praktycznego, relatywnego, w związku z naszymi własnymi celami".

Jednym z tych, którzy przyczynili się do owego „zmącenia gatunków", był Bruce Chatwin. Chatwin, który umarł w 1989 roku, to największe nazwisko współczesnego reportażu w Anglii. Debiutował on wydanym w 1976 roku w formie książkowej reportażem z Argentyny pt. *In Patagonia.* O trudnościach ścisłego określenia rodzaju tej literatury pisze wydawca książki Susannah Clapp: „Ktoś, kto czyta *In Patagonia,* nie powinien oczekiwać, że opisani tam ludzie wyglądają dokładnie tak jak w rzeczywistości. Chatwin odrzucił tradycyjne dla dawnego reportażu żądania wierności faktom i używał technik, którymi posługują się autorzy powieści. Powstał reportaż, który czyta się jak opowiadanie. Autor nie wspomina, jak przemieszczał się z miejsca na miejsce. Głos, którym mówi, urywany, dobitny, a oko należy do kogoś, kogo pociąga to, co zaskakujące i peł- ne sprzeczności. Jest to reportaż, ale jednocześnie esej historyczny, a także – w dodatku – powieść. Był to nowy rodzaj pisarstwa, który z literatury faktu uczynił gatunek bardziej pojemny i bogaty".

Egon Erwin Kisch wspominając dawne lata reportażu pisze gdzieś: „Przeszkody były często ciekawszym tematem niż sam temat". W istocie, treścią wielu reportaży był opis trudności, jakie napotykał reporter, żeby dostać się na miejsce wydarzeń, jego relacje o tym, jak zostaje aresztowany, jakie ma kłopoty z przekazaniem informacji, jak gubi kontakt z centralą itd. Wszystko to przestało być dziś tematem – komunikacja jest dużo lepsza niż dawniej, podobnie łączność.

Fenomen naszej epoki – masowa turystyka – zmienił bardzo wymogi stawiane dziś reportażowi (zwłaszcza – zagranicznemu). Turystyka taka powstała z połączenia dwóch nowych zjawisk: powstało społeczeństwo masowe, ruchliwe i żądające rozrywki oraz rozwinęła się tania, charterowa komunikacja. Każdy może znaleźć się wszędzie. Dawniej pojęcie drogi miało w sobie pewną tajemnicę. Dzisiaj miejsce tajemnicy zajęła kalkulacja finansowa: czy wystarczy mi pieniędzy, żeby dojechać tu czy tam. Droga przestała być tematem. Wielki reportaż Goethego *Podróż włoska* nie mógłby dziś powstać. Trwająca 9 miesięcy podróż z Karlsbadu do Neapolu, którą Goethe opisał na 300 stronicach swojej *Italienische Reise*, samolot przebywa dziś w godzinę: tyle, żeby napić się kawy i przejrzeć gazetę.

Nieporozumienia na temat reportażu wynikają też z różnic między prasą anglosaską i kontynentalno-europejską.

Dziennikarstwo anglosaskie wywodzi się z tradycji liberalnej, z przekonania, że prasa jest instytucją ogólnospołeczną, że wyraża interesy i opinie wszystkich oby-

wateli jednakowo, i dlatego musi być niezależna, bez-
stronna, obiektywna. Stąd od dziennikarza wymaga się
tam, aby jego relacja była właśnie niezależna, bezstron-
na i niejako – bezosobowa. Reporter to ktoś, komu w
tekście nie wolno ujawniać swoich poglądów i opinii.
Jego zadaniem jest dostarczyć jak najwięcej „czystej"
informacji. „Co tu się dzieje?" – spytałem raz operatora
NBC, kiedy filmował scenę walki ulicznej w czasie ma-
nifestacji w Meksyku. „Nie mam pojęcia – odpowiedział. – Filmuję i posyłam taśmę do Nowego Jorku. Tam
już szefowie wybiorą, co im będzie potrzebne."
    Ponieważ gazeta nie może składać się z samych infor-
macji, czytelnik oczekuje bowiem i komentarzy, w prasie anglosaskiej istnieje specjalna kategoria piszących,
którzy zajmują się wyłącznie komentowaniem, objaśnia-
niem, właśnie – wyrażaniem opinii. Nazywają ich – ko-
lumnistami (columnists). Jest ich niewielu. To zwykle
wielkie nazwiska, sławne w świecie, koryfeusze prasy, arystokraci pióra. Walter Lippmann, Joseph Alsop,
James Reston – na komentarze tych kolumnistów czekała cała czytająca Ameryka.
    Reporterzy i kolumniści – oto dwie sytuacje zupełnie
różne, całkowicie od siebie oddzielone. Amerykanie
wyodrębniają dwa rodzaje dziennikarstwa: investigative
journalism (dziedzina reporterów) i reflective journalism
(dziedzina kolumnistów).
    Korzenie prasy kontynentalno-europejskiej są inne.
Prasa wywodzi się tu z ruchów politycznych: była narzędziem walki partyjnej. A więc w przeciwieństwie do
prasy anglosaskiej cechowały ją stronniczość, zaangażo-
wanie, duch walki, partyjność. Tu informacja i komen-
tarz nie były rozdzielone, ale odwrotnie – informację
zamieszczano wówczas, jeżeli służyła interesom partii
(lub innych sił, które gazeta reprezentowała) i dlatego
formą najczęściej spotykaną była nie informacja „czy-

sta" (jak w gazetach Anglosasów), ale informacja komentowana, a od dziennikarza oczekiwano właśnie opinii, zaangażowania i nade wszystko – obecności. (Świadomie, dla jasności wywodu, przedstawiam tu owe dwa różne modele w formie czystej, skrajnej, w praktyce bowiem rozwinęło się później wiele form mieszanych, eklektycznych, hybrydycznych.)

Wiedząc o tych dwóch modelach prasy, łatwiej odpowiedzieć, czy reportaż to gatunek dziennikarski, czy literacki. W świecie anglosaskim – zdecydowanie literacki. W modelu prasy anglosaskiej nie ma miejsca na produkt tak osobisty, jakim jest reportaż, którego siła zasadza się właśnie na obecności autora w miejscu wydarzeń, na jego obecności fizycznej, ale i emocjonalnej, na jego wrażeniach i refleksjach. Dlatego reportaże są tam drukowane w czasopismach literackich i publikowane w wydawnictwach książkowych. Nikt nie ma wątpliwości, że książki V. S. Naipula, Jamesa Fentona czy Colina Thubrona to literatura piękna.

W krajach Europy kontynentalnej jest różnie. Przez jakiś czas istniał tu i jeszcze gdzieniegdzie istnieje reportaż dziennikarski. Spełniał on szczególnie ważną rolę w krajach, w których istniała cenzura, ponieważ był formą dającą większą swobodę wypowiedzi niezależnej, krytycznej.

W Europie istniał też reportaż literacki, uprawiany głównie przez pisarzy. Ci, którzy pisali taki reportaż, najczęściej nie byli zawodowymi dziennikarzami – Wańkowicz był wydawcą, Kuncewiczowa pisarką, Jasienica – historykiem.

Rozmowa z korespondentem „Time" w New Delhi – Anthony Speathem, że takie wynalazki, jak fax, modem, e-mail, telefon bezsieciowy, są w pracy korespondenta zarazem postępem i cofnięciem. Bo z jednej strony ułatwiają zdobywanie i przekazywanie informacji, ale z drugiej

– szybka, natychmiastowa, pozbawiona kłopotów łączność z centralą sprawia, że korespondent trzyma się bliżej centrali niż miejsca i kultury, w której się znajduje. Ciągła więź z centralą powoduje, iż mimo przemieszczeń geograficznych, kulturowo, środowiskowo znajduje się on nadal w budynku swojego biura (zwykle w Nowym Jorku, Londynie, Paryżu). Następstwem faktu, że przez „uwiązanie elektroniczne" nie opuszcza on nigdy centrali, jest to, że swoje przebywanie w innej kulturze traktuje jako czasowe, przygodne, powierzchowne. Nic nie zachęca go, aby poznać bliżej tę nową kulturę i ludzi, wśród których się znalazł. (Kiedyś krótko podróżowałem po Afryce z ekipą telewizji brytyjskiej. Większość jej członków była po raz pierwszy na tym kontynencie. Patrzyłem zdumiony na ich zachowanie. Gdziekolwiek przyjechaliśmy, od razu rzucali się do telefonów, łączyli z Londynem i prowadzili godzinne rozmowy z rodziną. Myśl, że następnego wieczoru znowu zadzwonią do Londynu, pozwalała im jako tako znosić kolejny dzień w Afryce. Afryka w ogóle ich nie interesowała, nawet nie próbowali bliżej jej poznać);

– po drugie, przez owo elektroniczne przywiązanie do centrali korespondent jest narażony na to, że centrala będzie kierować jego krokami w terenie, że odbierze mu inicjatywę, słowem, że bardziej będzie „wysłannikiem", niż samodzielnym reporterem i badaczem.

Truman Capote i jego *Muzyka dla kameleonów*. Nigdy nie pracował jako dziennikarz, ale chciał uprawiać „dziennikarstwo jako formę artystyczną". Nazywał to „dziennikarstwem narracyjnym" albo „powieścią faktu".

W 1966 drukuje *Z zimną krwią*. To przełomowe wydarzenie w światowym reportażu, powstanie „powieści dziennikarskiej". „Pisarz, twierdził Capote, powinien mieć na jednej palecie wszystkie farby, wszystkie swoje umiejętności, żeby móc je mieszać", i wymieniał gatunki: „scenariusze filmowe, sztuki teatralne, reportaże, wiersze, nowele, opowiadania, powieści".

Z jakiej to książki? Że od podróżnika do Afryki wymaga się ascezy. Reporter zagraniczny jest tłumaczem kultur. Atakuje powszechnie panującą ignorancję, stereotypy, przesądy. Jest on z natury eklektykiem i żyje na kulturalnej emigracji wobec własnego społeczeństwa.

Samotność reportera, który jeździ po świecie, do dalekich krajów: pisze o tych, którzy go nie czytają, dla tych, których mało interesują jego bohaterowie.
Jest kimś pomiędzy, zawieszony między kulturami ich tłumacz. Jego pytanie i problem: na ile można przeniknąć i poznać inną kulturę, skoro tworzą ją wewnętrzne, utajone kody, których nam, przybyszom z innego świata, nie uda się rozszyfrować i zrozumieć.

Reporter to postawa życiowa, to charakter. Jest rok 1940. Wojna. Inwazja Niemiec na Francję. Tłumy paryżan uciekają z miasta, panika, apokalipsa. Tłumy te widzi Andrzej Bobkowski. Widzi i na gorąco zapisuje w swoich *Szkicach piórkiem*: „Jedynym uczuciem we mnie jest teraz ciekawość, intensywna, gęsta, zbierająca się wprost w ustach jak ślina. Patrzeć, patrzeć, wchłaniać, zapamiętywać. Pierwszy raz życiu piszę, notuję. I tylko to mnie pochłania".

Rozwój mediów, cała dokonująca się rewolucja informacyjna powołały do życia nową, liczną warstwę zawodową ludzi, dla których dziennikarstwo jest już pozbawioną wszelkiej emocji i mistyki profesją, stanowiąc tylko jedną z możliwych dróg kariery, dróg, którą mogą porzucić nazajutrz, dla zupełnie innych, lepiej opłacanych materialnie zajęć. Ludzie ci dobrze czują się w wielkich wytwórniach informacji, obrazów i dźwięków, jakimi są nowoczesne redakcje, stacje radiowe i telewizyjne połączone siecią infoautostrad oplatających naszą planetę. Nie ma tam już miejsca dla takiego indywidualisty, samotnika, kota chodzącego swoimi drogami, jakim z natury swojej jest reporter. W rezultacie – reportaż uzupełnił dziś szeroką gamę gatunków literackich i obok powieści, eseju i dramatu nauczany jest na wydziałach sztuki pisarskiej, a nie na uczelniach dziennikarskich, które zresztą coraz częściej nazywają się szkołami reklamy, promocji i marketingu.

Tiziano Terzani, Włoch, florentyńczyk. Od 25 lat mieszka w Azji. Jest korespondentem „Der Spiegel" w New Delhi. Autor świetnych książek reporterskich. Dostałem od niego list:

„Nasz zawód ginie, pisze, nowi «koledzy» stanowią wymienialny gatunek – jutro każdy z nich może zostać maklerem lub pracować na giełdzie, co zresztą wielu z nich rzeczywiście robi. Świat wydaje się coraz bardziej zajęty materialną stroną życia, ludzi interesuje przyjemne spędzenie czasu i różne hobby, a obojętność na wszystko staje się nową zasadą moralną".

„Gdy pewnego razu Filip (Filip II Macedoński, ojciec Aleksandra Wielkiego – R.K.), mając zamiar rozbić obóz w pięknej okolicy, usłyszał, że nie ma tam paszy dla zwierząt jucznych, rzekł: «O Heraklesie, jakież jest to nasze życie, skoro musimy żyć mając na względzie wygodę osłów?»" (Plutarch).

28.05.96

Spytałem A.B., który przed rokiem miał wylew krwi do mózgu (z którego został cudownie odratowany), czy ten wypadek pozostawił jakieś ślady. „Tak – odpowiedział – po pierwsze szybko męczę się. Najbardziej sprawny jestem rano, potem, stopniowo z godziny na godzinę, jestem coraz bardziej powolny, coraz słabszy, wieczorem umysł wyłącza się, mogę patrzeć i słuchać, ale wszystko dociera do mnie jakby z oddali, przez mgłę. Wieczorem odczuwam także ciężar własnego ciała. Dziwne uczucie, następnie bowiem ciało to odsuwa się ode mnie i wreszcie znika. Rozumiem, że wtedy zasypiam. Ale często nie mogę zasnąć. Są to godziny pustki.

Nie chce mi się spać, nie mogę myśleć, nie potrafię niczego sobie wyobrazić. Leżę, czekam świtu.

Po drugie – ciągnął dalej – obserwuję znaczne wahania nastrojów. Czasem ten nastrój może się zmienić, bez żadnego powodu, w ciągu minuty. Oto byłem rześki i ruchliwy i nagle ogarnia mnie apatia, niechęć, paraliż. Nie mogę się skupić, mówię niewyraźnie.

Mam także trudności z pamięcią natychmiastową, z zapamiętaniem, co się stało przed chwilą. Gdzie położyłem klucze? Do kogo miałem zatelefonować? O czym czytałem wczoraj? Ten brak pamięci wywołuje we mnie lęk i rozpacz. Bo jeśli jutro zapomnę o wszystkim? Wszystko wymaga mojej wytężonej uwagi. Choćby taka rzecz jak chodzenie. Normalnie jest to czynność odruchowa, mechaniczna. Natomiast ja muszę się skupić. Nie to, żebym tracił równowagę, chwiał się, zataczał. Nie. Nie, ale muszę powiedzieć do siebie: uważaj, teraz idziesz, myśl o tym, że idziesz."

Umysł chorego po wylewie krwi do mózgu przypomina człowieka błąkającego się po mieście, którego ulice i place są puste, a wszystkie bramy, drzwi i okna zamknięte. Domyśla się, nawet – jest pewien, że wszędzie za tymi murami jest życie, że są tam ludzie, że dzieją się sprawy, toczy się historia – ta zwykła, codzienna i ta heroiczna, wielka, ale nie może wejść do tych domów, nie może stać się ani uczestnikiem, ani świadkiem zdarzeń. Niedostępna mu jest tamta rzeczywistość, nie może jej przeżywać. Utracił jakieś zdolności, jakichś wartości został pozbawiony.

Nie może przekroczyć progu? Wejść do tych drzwi? Może nie próbuje? Lęk przed próbą. Oto różnica między nim dzisiaj a tym, jakim był wczoraj. Dawniej, jeżeli stawał przed wyzwaniem, natychmiast je podejmował. Jeżeli próba nie udała się, porażka taka nie zniechęcała go, od razu ponawiał próbę. Dzisiaj natomiast odczuwa lęk tak wielki, że boi się zaczynać, już sama myśl o tym wprawia go w stan drżenia, paniki, paraliżu. Między nim a rzeczywistością ustało przenikanie, ożywcza pobudzająca osmoza. Została zerwana aktywna, dynamiczna łączność. Znaki i symbole, które widzi, nawet jeżeli są nadal czytelne, przestały wysyłać fale, promienie, bodźce. Widzi je, ale ich nie odbiera, nie poruszają nim, gdzieś po drodze zanikają i giną.

Jest, wbrew swojej woli, szczelnie zamknięty w izolującym go, nieprzepuszczalnym skafandrze.

Amsterdam

Pogrzeb pisarza holenderskiego I.B. (rodzina prosi, aby nie wymieniać nazwiska), który popełnił samobójstwo. Listy, jakie w ostatnich latach otrzymywałem od niego, niepokoiły mnie głęboko. Od kilku lat pisał powieść. Pisał i nie mógł skończyć, ponieważ powieść ta ciągle mu się rozrastała, ciągle ogromniała. Nie objętościowo, ale tematycznie. Z kolejnych listów wynikało, że I.B. coraz bardziej stara się objąć wszystko. Z czasem najwyraźniej interesowało go już jedno: całość. „To, co piszesz – wyrzucał mi dawniej – mówi najwyżej o kilku domach, może o jednej ulicy. Ja chcę ogarnąć całe miasto!" Po jakimś czasie przestało mu to wystarczać: „Opowiadasz o jednym regionie, jednym kraju. Natomiast moja powieść będzie opisywać jednocześnie mnóstwo państw, cały kontynent!" I dodawał: „Dlaczego się nie odzywasz? Nie czujesz się na siłach?"

Nie odpowiadałem, bo nie wiedziałem, co mu odpisać. Ten ogromniejący świat jego powieści zaczynał budzić moje obawy o stan umysłu I.B. Znałem wypadki, kiedy to, co nie ma granic ani dna, ani końca, wchłaniało człowieka na zawsze, na amen.

Wiedziałem, że aby istnieć, musi on mieć jakiś punkt

stały, musi widzieć przed sobą jakąś granicę, linię, metę, rzecz konkretną, niemal namacalną, aby oprzeć się ciśnieniu otchłani, które jest od człowieka silniejsze.

Jego ostatni list: „Jestem bliski objęcia całego świata, wszystkich ludzi, wszystkiego, co żyje, a nawet wszystkich rzeczy martwych – skał, kamieni i ziarenek piasku".

A.B. zwierza mi się, że myśli o napisaniu opowiadania. Temat – jego ciało. Akcja toczy się rano, po przebudzeniu. Kiedyś ciało A.B. było sprężyną, katapultą, która rano wyrzucała go w niebo, w światło dnia, w życie. Człowiek wyskakiwał z łóżka lekki, dziarski, pogodny, dynamiczny. Czuł, że unoszą go skrzydła, już w minutę panował nad sobą, nad światem.

Teraz, to samo ciało ściskają zardzewiałe hamulce, które nie pozwalają mu drgnąć. Co ma robić? Chcąc nie chcąc zaczyna pierwsze próby, badania, eksploracje. Ostrożnie unosi rękę, potem niepewnie, nieufnie nogę, wreszcie – z najwyższą trwogą, gotowy na najgorsze – głowę. Ból! Łomot w skroniach, pulsowanie pod czaszką. A teraz lewe ramię. Jak strasznie boli! Ruszać! Boli, ale trzeba ruszać. Tak mówi lekarz, który nazywa ten stan obolałego znieruchomienia – sztywnością poranną. Ból wchodzi w ciało niewidocznym wejściem i albo sadowi się w jednym miejscu, w którym ćmi, wwierca się, narasta i aż eksploduje, albo przenosi się, krąży po ciele, przesuwa się, przepływa palącym strumieniem dziś tu, jutro gdzie indziej, a jakie ma trasy, jaki obierze kierunek – nie wiadomo. Dlaczego raptem postanawia opuścić kręgosłup i ruszyć w stronę wiązadeł kolana, wbić się jak żelazna drzazga w łękotkę? Dlaczego wyniósł się z nerek, ale zatrzymał się w sercu? Ból jest tajemnicą, ma swoje sekrety i własne życie.

W perspektywie śmierci najtrudniejsza jest myśl o samotności tego doświadczenia. Nawet kiedy jesteśmy w takim momencie otoczeni przez najbliższych – umieramy sami i im śmierć jest bliżej, tym bardziej jesteśmy samotni.

Joseph Heller – *Nie ma z czego się śmiać* (*No laughing matter*, 1986). Autor zapada na rzadką chorobę (Guillain-Barré) – paraliż mięśni. Szpital. Kuracja. Ale jego izolatka przemienia się w pokój towarzyski. Książka jest relacją pisaną równolegle o tych samych zdarzeniach z dwóch różnych punktów widzenia – przez autora oraz jego przyjaciela Speeda Voglera – pierwszy rozdział pisze Heller, drugi Vogler itd. na przemian. Bardzo amerykańska filozofia oswajania i ujarzmiania choroby przez jej minimalizowanie, przez mówienie na jej temat dowcipów: próba przemienienia tragedii w zabawę, aby w ten sposób osłabić jej niszczycielski, destrukcyjny wpływ.

Ból a cierpienie. Ból należy do świata fizycznego, cierpienie – psychicznego. Obszary różne, ale przecież ze sobą powiązane, wzajemnie na siebie oddziałujące. Ból może być zlokalizowany w jednym miejscu (ból głowy, ból brzucha), natomiast cierpienie trawi całą naszą istotę, wyniszcza nas, osłabia i często degraduje.

Ból jest czymś, co traktujemy jako zło naturalne, dopuszczalne, oczywiste: jeżeli piła obcięła nam palec – boli nas ręka, to logiczne, nic nas tu nie zaskakuje. Bólowi – wybaczamy. Inaczej z cierpieniem – cierpienie traktujemy jako niesprawiedliwość, jako pech, jako niezawinioną krzywdę: naszą pierwszą reakcją na cierpienie jest bunt, protest. Cierpienie nas znieważa, nawet poniża. Pewna Amerykanka powiedziała mi kiedyś: „Kiedy miałam raka, czułam, jak mnie ta choroba poniża. Każdy lekarz mógł mnie dotykać, obmacywać, ugniatać moje ciało. To było oburzające!"

Czasem ból wchodzi w nasze ciało i zaczyna po nim krążyć. Rano budzimy się – boli nas biodro, potem ten ból ustępuje – przesunął się w górę, do stawu barkowego, za jakiś czas odpłynął ze stawu w dół – do kolana. Ból krąży w nas jak niewidoczne, ślepe zwierzę, czyha, żeby coraz to ruszać do ataku, kąsać, pastwić się. To zwierzę, choć siedzi w nas, jest nam obce, nieprzystępne, wrogie. Nie oczekujemy z jego strony żadnego pobłażania. Co najwyżej, z niewiadomych przyczyn, staje się nagle bezczynne i wtedy daje nam chwilę odpocząć.

Przybywanie lat: czas staje się w naszej świadomości coraz bardziej obecny. I ta obecność coraz bardziej staje się dotkliwa, ciąży nam. Spośród wszystkich jego cech – najbardziej odczuwalną i przygniatającą jest nieodwracalność. Czas to lawina, która sunie i z której ani wyskoczyć nie można, ani zatrzymać jej nie sposób.

Kiedy mężczyzna umiera, śmierć ta zmienia również jego kobietę. Zmienia fizycznie, staje się ona drobniejsza, jest jej mniej. Robi się także bardziej zamknięta, nawet – nieśmiała. Jest połową czegoś, co już nie istnieje. Przechowuje w pamięci coś, co jest nieprzekazywalne, do czego klucza ani kodu już nikt nie zna.

Cudotwórca Harris przyjeżdża do Warszawy! Młody ten, energicznie poruszający się Anglik, trochę nieprzytomny i jakby lekko zaczadzony, jakby otaczał go niewidoczny choć wyczuwalny obłok, idzie wśród rzędów leżących, siedzących lub stojących ludzi, zatrzymuje się przed każdym na moment – pyta przez tłumacza, co mu dolega, dotyka przez sekundę – przez ułamek sekundy! – wskazanego miejsca i w pośpiechu przesuwa się dalej. Tłumy ciągną do Harrisa ogromne! Bilety wyprzedają na wiele tygodni przed jego przyjazdem. Tłumy te, ich niespokojna podnieta, ich niecierpliwe i pełne nadziei oczekiwanie, uzmysławiają jedno: ileż wokół nas cierpienia! Iluż chorych, obolałych, zgnębionych. Iluż takich, którzy, będąc z nami, nauczyli się cierpienie swoje skrywać, znosić potajemnie, ukradkiem?

Harris, przechodząc, jednym gestem odsłania koc przykrywający leżącego na łóżku chorego. A pod kocem – ciało poskręcane, umęczone, zwiędłe, bezsilne, które do nas należąc staje się coraz bardziej uciążliwe i obce, zachowujące jeszcze więź z nami tylko przcz ból, który nam zadaje.

Baalszem mówił do swojego ciała: „Dziwię się, ciało, żeś jeszcze się nie rozpadło z bojaźni przed twoim Stwórcą" (Martin Buber *Opowieści chasydów*).

Śmierć, która czai się w ziemi. Która czyha na drodze. Ta śmierć sama nie zaatakuje, jeżeli jej nie ruszysz. Ale wystarczy, żebyś zrobił krok. Żebyś ją dotknął.

Miny.

Zalety miny: jest mała (mieści się w dłoni), lekka (waży mniej niż kilogram), tania (kosztuje kilka dolarów). Miliony ich czekają na ciebie. Około stu milionów leży ukrytych w ziemi, w piaskach, pod kamieniami, na drogach w 62 krajach. To wiadomość z 1993 roku, kiedy to piszę, ich liczba wynosi już 150 milionów, kiedy będziesz to czytać – przekroczy 200 milionów.

Wszystko obraca się tu w skali milionów.

Miliony zabitych przez miny, poranionych, okaleczonych, bez nóg, bez rąk, oślepłych, głuchych, obłąkanych. Wśród ofiar – najwięcej dzieci, bo są najbardziej ruchliwe, najbardziej wścibskie i nieostrożne, pozbawione instynktu samozachowawczego.

Tych, co przeżyli bez szwanku zetknięcie z miną, jest niewielu. Na każde dziesięć ofiar – osiem umiera z ran i upływu krwi, nim doczekają jakiejkolwiek pomocy.

Przeciwnicy w dziesiątkach najróżniejszych konfliktów zbrojnych zakładają miny jedni przeciw drugim, ale choć wojna kończy się, miny pozostają – na drogach, na polach pod bruzdami, w ściółce leśnej, w zaroślach, na brzegach rzek, w ścianach domów, pod podłogą, w kominie, na śmietniku. Miny pozostają, bo operacja rozminowania to wielki koszt, a biedne kraje, takie jak Afganistan, Kambodża, Angola czy Somalia, gdzie min jest najwięcej – nie mają pieniędzy.

Miny terroryzują ludność, izolują wsie, paraliżują komunikację. Ludzie umierają z pragnienia, ale nie mogą pójść do źródła po wodę – ścieżki są zaminowane. Stada bydła głodują, ale pasterze boją się wypuścić je na trawę – pastwiska są zaminowane. Chłopi przestają uprawiać ziemię, zbierać chrust na opał, chodzić na targ – wszędzie są miny. Na świecie jest coraz więcej pól minowych, coraz więcej ziemi, którą trzeba omijać.

Miny – metafora śmierci, której idziesz naprzeciw, nie wiedząc o tym, nie widząc jej.

Istnieją dziesiątki odmian min. Najgroźniejsza to amerykańska „Claymore". Kosztuje 27 dolarów. Jest bardzo wydajna, bo rozrywa się na 700 szrapneli. Fachowcy zapowiadają wkrótce takie urządzenie, które pozwoli zdetonować jednocześnie wiele min. Będzie można wysadzić wówczas wielki obszar ziemi i utoczyć morze krwi.

Tylko śmierci głośnej, widowiskowej, śmierci jak fajerwerk grozi, że zwrócą na nią uwagę i będą starać się powstrzymywać, ograniczać. Śmierć cicha, niema, pokątna – z głodu, od gruźlicy i malarii, od miny, która wybuchła gdzieś na pustkowiu – taka śmierć może spokojnie panoszyć się, dziesiątkować i pochłaniać swoje ofiary.

Paradoks śmierci: że najsilniejsze wrażenie wywołuje śmierć pojedyncza, wyodrębniona, zabierająca jednego człowieka, którego rysy możemy określić, a nazwisko wymienić. Im zwiększa się liczba ofiar śmierci, tym działanie jej na naszą wrażliwość słabnie. Duża liczba – zamiast potęgować wrażenie – zabija je.

„Według Ksenokratesa – pisze Galen – początkiem filozofowania jest odejście od zgiełku codziennego życia." Claudius Galen, osobisty lekarz Marka Aureliusza. Na opracowanych przez niego przepisach lekarsko-farmaceutycznych medycyna opierała się później przez 1500 lat! A wspomniany przez Galena Ksenokrates był przyjacielem Arystotelesa i uczniem Platona, twórcą teorii derywacji (tj. nieskończonej emanacji), która to derywacja powoduje wg niego jednoczesną obecność: jedni i wielości, dobra i zła, spokoju i ruchu, określonego i nieokreślonego etc. Dzielił byty na bogów, ludzi i demony (z tym, że jedne demony były dobre, inne – złe).

1.1.1996

Mróz. Lodowaty wiatr. Pochmurno. W kościele Zbawiciela w Warszawie. Małe, sympatyczne Cyganiątko chodzi od człowieka do człowieka prosząc o datek. Klęka przed każdym, żegna się znakiem krzyża, składa ręce jak do modlitwy. Czasem dostanie od kogoś monetę. Potem, kiedy widzi księdza zbierającego na ofiarę, podchodzi do niego i składa te zebrane przez siebie pieniądze – na tacę.

Marion Gräfin Dönhoff w swoich wspomnieniach *Dzieciństwo w Prusach Wschodnich* pisze w pewnym miejscu: „Gdy często zastanawiam się, dochodzę do wniosku, że niczego istotnego nie nauczyłam się ani od rodziców, ani od często zmieniających się guwernantek; decydująca dla mojej edukacji stała się sama atmosfera domu".

Atmosfera domu! A rozszerzając: atmosfera ulicy. Miasta. Środowiska. Pokolenia. Epoki. Rzecz tak nieuchwytna, tak trudna do określenia. Doniosłość tego wszystkiego, co jest nastrojem, klimatem, stanem, a czego ani wymierzyć, ani zważyć nie sposób, a co przecież decyduje o zachowaniu i sposobie myślenia. Stąd tak cenny w sztuce, w literaturze jest niuans, półcień, półton, pastel, śledzenie wszystkiego, co jest zawieszeniem, drobiną, pyłkiem, przestrzenią pomiędzy, niedomówieniem, milczeniem, tym przebłyskiem wrażliwości i intuicji, który każe nam zatrzymać rękę, kiedy zawisła już nad kartką papieru z zamiarem postawienia kropki nad i.

W czasie rocznego pobytu w Berlinie (1994) słuchałem dziesiątków dyskusji, które Niemcy prowadzili między sobą. Wszystkie one, zawsze, kończyły się pytaniem, jak do tego mogło dojść (do tego – to znaczy do nazizmu, do Hitlera). Nie było odpowiedzi. Młodsi ciągle stawiali pytania, dociekali, atakowali, starsi pogrążali się w coraz głębszym milczeniu. Starsi i młodsi. Doświadczenie totalitarne XX wieku, jeszcze złowieszcze i groźne mroki, słabości natury ludzkiej, jakie ten okres ujawnił i podkreślił, stworzyły między pokoleniami nieprzekraczalną przepaść obcości, goryczy i niezrozumienia. Pamiętam, że mówiąc o tej różnicy przeżyć, ktoś wspomniał Kohla. Helmut Kohl powiedział kiedyś o „korzystnej sytuacji tych, którzy urodzili się później", tj. po klęsce faszyzmu. Urodzeni „wówczas" i urodzeni „później" – jakże różnymi mówią językami!

Fatum, zrządzenie, wyrok: żyć w epoce, która wystawia nasze słabości na próbę. Wszyscy rodzimy się w grzechu pierworodnym, ale nie wszystkich spotyka przekleństwo wyboru. Wielu ludziom życie upływa w warunkach, w których nie muszą zadawać sobie pytań o wielkim ciężarze etycznym, pytań ostatecznych. Ci przechodzą do pamięci jako ludzie szlachetni, prawi, czyści, bez skazy, choć może ocalili swoją duszę po prostu dlatego, że ich postawa nigdy nie została poddana próbie, że niczego od nich nie żądano ani do niczego nie zmuszano. Nie musieli wybierać, dlatego nigdy nie groziła im pułapka błędu.

Różnica między ludźmi polega nie tylko na wieku, ale i na różnych zdolnościach otwartego, czynnego przyjmowania świata zewnętrznego, który ich aktualnie, w tym momencie, otacza. Jeżeli spotkamy grupę ludzi w wieku dojrzałym, zobaczymy tę właśnie uderzającą, zdumiewającą różnicę. Na zewnątrz będą wyglądać podobnie. Będą do siebie również podobni w krótkiej rozmowie o sprawach codziennych. Niech jednak nasze spotkanie potrwa dłużej, niech dojdzie do dyskusji, wynurzeń i wspomnień. Od razu wystąpią różnice. Ten pan zatrzymał się na roku 1956, ów na roku 1968. Pamięć jego przyjaciela urywa się na roku 1970, jego brata – na roku 1980. Te daty to również kierunkowe reflektory: każdy z nich rzuca światło na historię pod odmiennym kątem i o różnym natężeniu. W rezultacie ludzie ci mówią odmiennymi językami, a światy przez nich opisywane nie są do siebie podobne.

Pamięć własnej przeszłości: wielka przepaść. Coś tam majaczy na dnie. Jakieś drobiny. Punkty. Drgania. Gdzieniegdzie. Zniekształcone. Zamazane. Nieczytelne.

Canetti: „Istnieje przykry stan, nieomylnie rozpoznawalny, stan, w którym nie da się nic przedsięwziąć, gdyż człowiek nie ma na nic ochoty; gdy otwiera się książkę i zaraz znowu zamyka; kiedy nie można nawet mówić, bo każdy człowiek jest nam ciężarem i sami jesteśmy sobie ciężarem. Jest to stan, w którym wszystko chce od nas odpaść, co kiedyś się na nas składało: cele, zwyczaje, drogi, podziały, konfrontacje, nastroje, czasy, pewności i próżności. Coś się w nas mrocznie i uparcie porusza, coś, czego nie znamy; nie przeczuwamy, co to będzie; nie możemy mu pomóc" (*Prowincja ludzka*).

Ludzi interesuje dziś przede wszystkim jednostka, jej problemy i dramaty, jej życie wewnętrzne. To przesunięcie zainteresowań ze sfery społecznej do prywatnej ma wiele przyczyn. Jedną z nich jest kryzys i kompromitacja ideologii totalnych, mających na wszystko odpowiedzi i obiecujących wszystko rozwiązać w świecie, w którym bolesna praktyka dowiodła czegoś przeciwnego. Wzrost zainteresowań samym sobą (człowieka – człowiekiem) jest także reakcją obronną na świat przeładowany informacją, zagrażający naszej psychice, naszej wrażliwości nadmiarem: nie jesteśmy zdolni tego wchłonąć i przetrawić, stół jest zbyt obficie, ciężko i chaotycznie zastawiony – zadajemy sobie pytanie – po co? po co o tym wszystkim wiedzieć. Ten świat nadmiaru, który chce nam wcisnąć i przekazać w jednej chwili tysiące i tysiące rzeczy – robi się zbyt natarczywy i trudny, więc wycofujemy się w swoje prywatne, osobne nisze. Wreszcie – w miarę jak rozszerza się strefa demokracji i rośnie wolność człowieka – jednostka staje się coraz bardziej bytem podmiotowym, niezależnym, samodzielnym. W tym procesie, obok poczucia siły własnej, ma też świadomość nękających ją słabości. Wiele wad, przypisywanych dawniej gromadzie, społeczeństwu, państwu, teraz postrzega ona jako swoje własne: próbuje więc lepiej poznać swoje wnętrze, swoje labirynty i ciemności.

Człowiek jest sam dla siebie pewną strukturą granic. Nosi ją w sobie. Ciągle odczuwa jej nieustępliwą, nieubłaganą obecność. Myśli – już dalej nie powinienem. Albo – już nie mogę ani kroku. Życie – to poruszanie się wewnątrz tej struktury, aż dojdzie się do granicy ostatniej i ostatecznej – do śmierci.

25.8.96

Obejrzałem w telewizji francuskiej film J. T. Cousteau *Tajemnice zielonego żółwia*. Film nagrywany w głębinach morza koło wyspy Borneo. Pięciu nurków śledzi drogi, jakie odbywają pod wodą zielone żółwie. Trasy te prowadzą przez zawiłe labirynty lasów koralowych, skał, pieczar i jaskiń tworzących olbrzymie, różnokształtne, nie kończące się miasta pełne ulic, placów, zaułków, w których raptem nurkowie znajdują nieruchome, martwe żółwie, nawet całe cmentarzyska żółwich szkieletów. Hipoteza Cousteau: żółw potrzebuje co jakiś czas zaczerpnąć powietrza. Ale nie zawsze potrafi znaleźć drogę, która wyprowadziłaby go z takiej podwodnej metropolii. Zmęczony, wyczerpany ginie w labiryncie jej niezliczonych ulic.

Jednocześnie przejrzałem album niezwykły: *Eine Reise in das Innere unseres Körpers* (*Podróż do wnętrza naszych ciał*). 250 fotografii naszych tkanek, komórek, mięśni zrobionych pod mikroskopem elektronowym przez szwedzkiego fotografika – Lennarta Nilssona.

Podobnie, jak w wypadku filmu Cousteau: jakież bogactwo nieznanych nam z codziennego doświadczenia kształtów i barw. Jakaż nieprawdopodobna różnorodność form – strzępiastych, kulistych, pałeczkowatych, obłych, wklęsłych, ziarnistych, gąbczastych, zielonych, czerwonych, niebieskich i fioletowych w najbardziej fantastycznych, nieoczekiwanych zestawach, połączeniach, splotach, wiązaniach, kolażach, kompozycjach.

Jakże niewielką część świata oglądamy zwykle w naszym życiu! Jakże niewielką i czasem najbardziej szarą, płaską, monotonną i banalną. Przechodzimy bez przerwy obok rzeczy, których struktury i tajemnicy nie tylko nie widzimy, ale ich istnienia nawet nie podejrzewamy! Na nasze życie wpływa świat trójwymiarowy (kosmos, rzeczywistość postrzegana bezpośrednio zmysłami oraz mikrokosmos), ale uświadamianą codzienną styczność mamy tylko z jednym z nich – z odbieranym zmysłowo. Nie wiedząc o tym naszym ograniczeniu ludzie musieli tworzyć bóstwa, demony, czary i duchy, aby objaśnić sobie działanie sił kształtujących ich losy.

Guru z Aurangabadu mówi do odwiedzających go pielgrzymów:
– W każdym z nas istnieją jakieś ciemne, nienazwane siły, którym ulegamy. Nie umiemy istoty tych sił pojąć ani ich zdefiniować, przez co wydają nam się jeszcze bardziej tajemnicze i groźne. Jesteśmy więc niewolnikami nieokreślonego, sługami pana, którego ani nie widzieliśmy, ani nawet nie potrafimy nazwać. Oto paradoks świata.

A.B.:
– Czy musisz wszystko zrozumieć? Uszanuj obecność tajemnicy. To, co niewiadome, nadaje rzeczom głębi.

Namalować chimerę lub diabła – to go osłabić, obezwładnić. Przedstawienie zła, nawet w czymś zamierzeniu najstraszniejsze, najbardziej odrażające, rozbraja zło. Grozę może budzić abstrakt, rzadko – konkret. Widząc namalowanego diabła, myślimy – a więc to tylko tyle? Bo też jakże ubogie, marne i niezaradne są nasze środki i sposoby przedstawiania zła! Zło – największa, najbardziej mroczna i przerażająca tajemnica bytu – pokazane na obrazie czy w rzeźbie – jakże jest banalne, jak pozbawione grozy, którą może wywołać tylko przeczucie czegoś niewyobrażalnego. Wyobrażone – traci zęby metafizyczne, nawet jeśli ktoś domaluje mu na obrazie wielkie, zakrzywione kły.

To wszystko, co stanowi świat wyobraźni, ma na człowieka największy wpływ. Ten, kto potrafi oddziałać na kształt tej wyobraźni, zdobywa nad nim prawdziwą władzę.

Człowiek dalekiej przeszłości, człowiek epoki przedprzemysłowej nawet będąc magnatem, królem czy cesarzem – był ubogi: nie miał ani samochodu, ani radia, telewizora czy komputera. Cały więc świat, który dzięki tym urządzeniom mamy dziś w zasięgu ręki, dla niego nie istniał. Elektronika rozszerzyła definicję człowieka o pojęcie wielowymiarowości: dawniej, fizycznie, był on i świat, dzisiaj jest on-światem, z tym, że z otaczającą go rzeczywistością łączy się nie tylko poprzez wrażenia, ale także fale magnetyczne i przez multum soczewek, drutów, półprzewodników i anten.

Myślimy przez skojarzenia, przez przeciwieństwa, przez opozycję. Myślenie musi natrafić na opór, nawet – na sprzeciw. Myśl, która nie musi przebijać się z największym wysiłkiem, traci spoistość, twardość diamentu, wiotczeje i usycha.

Każda myśl, pogląd, teza są podszyte swoim przeciwieństwem.

Powtórzenia, ich powracalność. Powtórzenie – klucz i zagadka. Wiemy, że znowu będzie tak samo, a jednak dążymy, żeby to powtórzyć. Wszystko obraca się wokół tego: pragnienie powtórzenia, lęk przed powtórzeniem. Rytm powtórzeń. Człowiek ich niewolnikiem. Pytanie: skąd powtórzenia czerpią swoją energię dla nie kończących się powrotów?

W trosce o drugiego człowieka – ile jest naszego własnego egoizmu? Pragnienia, żeby ten drugi trwał, a wówczas my też przetrwamy? Tak trudno jest oddzielić egoizm od altruizmu, ale może to i lepiej? Może bez domieszki egoizmu altruizm byłby uczuciem powierzchownym, słabym, udawanym?

Człowiek wierzy w to, w co chce wierzyć. Nawet – chce bardzo. Wiara jest dojmującym, natarczywym pragnieniem. W akcie tym nie żądamy gwarancji, bowiem wierząc zaspokajamy jakąś wewnętrzną, subiektywną, z nas samych wypływającą potrzebę – tylko ją. Dlatego tak łatwo działać wszelkim oszustom – od małych naciągaczy do wielkich kłamców. To nie ich zręczność wygrywa, to my sami im wierzymy, ponieważ jest w nas coś, co musimy wypromieniować z siebie, niezależnie od wagi i charakteru obiektu, na który te promienie kierujemy.

A.B. mówił mi, iż wierzy, że jeśli odczuwa do kogoś niechęć, to promienie tego uczucia zaczną docierać do owej nielubianej osoby i wywoływać w niej identyczną reakcję bezzasadnej, irracjonalnej niechęci, tym razem – do niego. Sądził, że osoba ta może być nawet zdziwiona – skąd nagle poczuła w sobie niechęć do A.B.? I że za-

żenowana tym będzie starać się tłumić w sobie to nie-
oczekiwane uczucie, ten dziwaczny stan. Na to właśnie
liczy A.B. – że czyjaś osobowość odrzuci te jego niechęci jak obce ciało.

Charakterystyczne dla psychopaty jest instrumentalne
traktowanie innych. Jesteś mu potrzebny wtedy, kiedy
jesteś mu potrzebny. Inaczej – nie istniejesz. Jego myślenie o innych jest selektywne: myśli tylko o tych, którzy
w danej chwili coś mogą dla niego zrobić albo coś mu
dać. Kiedy chwila ta minie – zapominają o nich albo – co
jest częste – zaczynają ich nienawidzić. Ta nienawiść to
przenoszone na innych, tłumione poczucie winy i wstydu za swoją podłość. Mechanizm ten działa jednak najczęściej podświadomie, dlatego psychopata ma zwykle
wysoką samoocenę.

Tonka Roberta Musila. Autor o relacji między naszym
uczuciem a osobą tym uczuciem obdarzoną. Że to po
prostu my chcemy to uczucie dać i że dajemy je osobie,
która w tym momencie właśnie znajduje się w kręgu
jego promieniowania. I ta osoba może być przypadko-
wa! „To nie kochanka jest przyczyną pozornie przez siebie wzbudzonych uczuć, lecz te uczucia są jakby świa-
tłem ustawionym na nią.”

Kobieta jest wyczekiwaniem. Stąd najwyższe wciele-
nie tej postawy – Penelopa.

Locke uważał, że tyle tylko wiemy, co doświadczamy.
Berkeley idzie dalej: to tylko istnieje, czego doświadczamy.

Ofiara jest bezużyteczna, jeżeli nie jest heroiczna. Śmierć tych, którzy podnosili bunty w gułagach, ich bohaterski protest, często prowadziły do poprawy losu tych, którym udało się przeżyć. Natomiast śmierć ludzi, co ginęli biernie, w milczeniu, umacniała przekonanie oprawców o ich bezkarności.

Austriacki psycholog – Erwin Ringel – wprowadza określenie „rozminięcia się ze sobą", kiedy człowiek staje się wrogiem samego siebie i chce się unicestwić (Ringel nazywa to nerwicą samozniszczenia).

Ta granica w człowieku między człowiekiem a bestią jest zawsze płynna; jest tajemnicą, wyzwaniem i zagrożeniem.

Wśród ludzi panuje wielka chęć utrwalenia się, pozostania. W Port Harcourt nasi inżynierowie, którzy mnie ciągle nagabują: żeby pan o nas wspomniał, żeby nas chociaż wymienił. Bodaj jednym słowem.
Tęsknota, żeby zaznaczyć swoją obecność, zostawić ślad.

Człowiek nie odchodzi sam. Razem z nim znika ten świat, który tworzył on wokół siebie, który był jego przedłużeniem, ten odrębny, jedyny, unikalny mikroświat istniejący samą mocą obecności tego człowieka na ziemi. Razem z jego śmiercią umiera więc coś jeszcze, coś więcej.

Na tej samej planecie żyją dwaj ludzie – jakże różni, jakże inni.

Jeden z nich to człowiek, który nic nie ma. Spotkamy go w górach Azji, w buszu afrykańskim, wysoko w Andach albo na gorącej pustyni Gobi. Idzie, kij w ręku, łyk wody w daktylowym naczyniu. Nie ma grosza, nie wie, kiedy jadł, nie wiadomo, czy gdzieś ma dach nad głową. Mówi mało – bo o czym? Może znać imiona swoich najbliższych. I – własne. Ponieważ spotykałem w swoich wędrówkach wielu takich ludzi, zastanawiam się teraz, czy poza imieniem mają coś jeszcze, ale nie znajduję nic szczególnego.

Drugi to człowiek zwielokrotniony, rozgałęziony, uginający się pod ciężarem rzeczy, które są jego niezbywalną częścią. Jego przedłużeniem jest komputer włączony do sieci internetu. Musi mieć lodówkę, aparat klimatyzacyjny, filtr do czystej wody. Musi łykać dziesiątki pigułek. W kieszeni ma pełno kluczy – do samochodu, do sejfu, do biurka, do kasy. W innej kieszeni – pełno kart kredytowych. W jednej ręce – telefon komórkowy, w drugiej – aktówkę pełną dokumentów.

Ludzie ci, bracia przecież, bo z jednej rodziny człowieczej, nigdzie się nie spotykają, zresztą nie mieliby sobie nic do powiedzenia.

Kierunek rozwoju ludzkości:
kiedyś (paleolit) – istniała jedna kultura (aszelska). Na świecie żyło jedno plemię, mówiło jednym językiem. Odtąd postęp – to będzie ciągłe pączkowanie, rozmnażanie wszystkiego. Ludzie coraz dłużej żyją, są coraz wyżsi, średni współczynnik inteligencji stale podnosi się.

Ale w wielu dziedzinach osiągnęliśmy metę, pułap. Stan ten opisał amerykański paleontolog Stephen Jay Gould w książce *Full House: The Spread of Excellence from Plato to Darwin*. Tak, dom jest pełny. Osiągnęliśmy perfekcję. Np. skok wzwyż. Ile jeszcze wyżej możemy skoczyć. Albo drapacze chmur. Dużo wyższych niż obecnie nie da się zbudować. Prawo rosnącej doskonałości kończy się często impasem. Przykładem piłka nożna. Wiele meczów przynosi wynik bezbramkowy: doskonali napastnicy natrafiają na równie doskonałych obrońców.

Na drugim końcu skali – nic nie może być mniejsze niż komórka. Stąd życie może się rozwijać tylko w jednym kierunku – rozrastania się, rozmnażania.

Ewolucja? Tylko jeżeli się patrzy na małe części systemu, nie na całość. Bo jako całość – życie jest takie samo. Istnienie ma naturę zachowawczą.

– Twierdzisz, mówi A.B. do przyjaciela, że nasza epoka to czas wielkiej transformacji. Ale ludzie, którzy żyli dwieście lat temu, mówili o swojej epoce to samo. Gdzież tu więc różnica?

Różnica, to, co jest nowe, polega na globalnym wymiarze tej transformacji. Na tym, że po raz pierwszy w dziejach powstało społeczeństwo globalne, planetarne, które, całe, przechodzi okres przemiany, szukania tożsamości. I że, jednocześnie, społeczeństwo to ma w swojej dyspozycji, znowu po raz pierwszy w historii, system jednoczesnego komunikowania się w skali planety.

Przejście od społeczeństwa rolniczego do przemysłowego i informatycznego pociąga za sobą zmianę orientacji czasu: społeczeństwa rolnicze są zorientowane na przeszłość, przemysłowe na współczesność, informatyczne – na przyszłość.

Zmienia się również pojęcie najwyższej wartości:

w społeczeństwie rolniczym, jest nią ziemia,

w społeczeństwie przemysłowym – maszyna,

w społeczeństwie informatycznym – umysł (stąd rosnąca w świecie współczesnym rola kultury – najbardziej naturalnego środowiska umysłu).

22.04.96

W Pałacu Radziwiłłów w Jadwisinie wykład dla stu wybitnie zdolnych uczniów szkół średnich. Temat „Między drugim a trzecim tysiącleciem". Młodzież ciekawa, chłonna, myśląca.

Jej zdaniem zmierzamy w kierunku jednolitego świata, w kierunku wielkiej unifikacji. Będzie jedna kultura, jeden ustrój, wspólna tożsamość. Odległości w przestrzeni nie będą różnicować, ale łączyć, ustaną wojny, zmniejszy się ilość nieszczęść i naprawdę nastąpi koniec historii.

„W przyszłym stuleciu – twierdzi Michael Elliott w «Newsweek» z 7.10.96 – wielkie strategiczne wydarzenia rozgrywać się będą w rejonie Pacyfiku, a nie we wschodniej części Morza Śródziemnego. Rozkwit Chin kontynentalnych. Rywalizacja między Chinami i Japonią. Grożący wybuchem nuklearnym konflikt między Indiami i Pakistanem. Wszystko to będzie absorbować uwagę dyplomatów i polityków przez najbliższe dziesięciolecia. Radziłbym doktorantom na wszystkich ważniejszych uczelniach raczej uczyć się na pamięć nazw wysepek i szelfów na Morzu Chińskim niż historii i socjologii Tulkarmu, Nablusu, Hebronu i Ramallah."

Czy Europa XIV-wieczna tak bardzo różni się od tej, którą można dziś poznać w okolicach Brześcia, gdzie napady na podróżnych i rabunek są na porządku dnia? „Tu pasterze chodzą po lasach uzbrojeni, lecz nie tyle boją się wilków, ile zbójców. Oracz idzie za pługiem w pancerzu i opornego byka popędza włócznią. Ptasznik okrywa swe sieci tarczą. Rybak uwiązuje wędkę u miecza. I nie uwierzyłbyś, że kto chce zaczerpnąć wody ze studni, zawiesza na sznurze zardzewiały hełm. Nic się tu nie dzieje bez oręża. Przez całą noc słychać okrzyki straży na murach albo wołanie: «Do broni!»" (Petrarka z Italii do kardynała Colonny).

Zatoka Biskajska
Jest jakiś niepokój w ruchu morza, jakaś potencjalna groza – że morze nagle zacznie się wznosić, rosnąć, olbrzymieć i że z głębi ciemnego horyzontu napłynie wielopiętrową falą, która nas zaleje.

San Sebastian
W czasie seminarium na temat Europy Środkowej przyjaciel Milana Kundery, filozof z Pragi Karel Košik

mówi o współczesnej kulturze świata. Jego zdaniem można w niej wyróżnić trzy cechy.

Pierwsza – to prowizorium. Panuje prowizoryczność, wszystko może być zakwestionowane, zmienione, wzięte w nawias, odrzucone. Nic nie jest stabilne, trwałe, ostateczne. Dominuje relatywizm, skłonność do kwestionowania prawd najbardziej oczywistych, skrajny wyzuty z pryncypiów pragmatyzm.

Druga cecha to przekonanie o potrzebie doskonalenia wszystkiego. Nic nie jest doskonałe, nigdy nie będzie doskonałe, dlatego trzeba ciągle wszystko doskonalić. Zawarta jest w tym myśl o nieskończoności. Doskonalenie nie ma końca, postęp nie ma końca. Idea postępu została przemieniona w złotego cielca, w kult, w sacrum.

Trzecia cecha, że miejsce kultury w jej dawnym duchowym i duchowo przeżywanym sensie zajęła dziś subkultura spektaklu. Wszystko oglądać (biernie) – to postawa współczesnego człowieka. Stąd symbolem naszych czasów jest turystyka. Oglądać rzeczy, o których się właściwie mało wie. Oglądanie zastępuje wiedzę i rozumienie, a nawet staje się ich synonimem. Kultura przestała być formą życia, została zredukowana do dziedziny oddanej pod zarząd specjalistom, stała się domeną profesjonalistów, rezerwatem.

Tendencja świata współczesnego (tezy eseju):

1 – przechodzenie od rewolucji oddolnych (żywiołowych, krwawych, niszczycielskich) do rewolucji odgórnych (sterowanych przez elity, ograniczanych jej interesem) i rewolucji negocjowanych (w których dawna klasa rządząca oddaje władzę polityczną, ale zachowuje ekonomiczną);

2 – świat rozwinięty, bogaty, panujący stara się „wypchnąć" wojny i konflikty poza swój obszar, poza limes

i tam bądź je izolować, bądź skazywać na zapomnienie (najczęściej jedno i drugie);

3 – stopniowe przechodzenie od społeczeństwa masowego (istniało ono głównie w krajach rozwiniętych), do społeczeństwa planetarnego (połączonego elektroniką, informacją, rynkiem tanich towarów, masową kulturą, masową komunikacją itd.);

4 – powstanie – zarówno w skali państw jak i całej planety – dwóch wielkich klas: klasy elit – panującej (upperclass) i klasy niższej – podległej i uboższej (underclass). Pogłębiająca się przepaść poziomów i warunków życia między obu klasami;

5 – kryzys kultury: wzrost czynnika irracjonalnego w życiu jednostek i społeczeństw (sekty, parapsychologia), upadek wartości tradycyjnych (honor, lojalność, solidarność, dobroć, poświęcenie itd.), w komunikacji międzyludzkiej przewaga monologu nad dialogiem. Triumf techniki nad kulturą.

Utopie skończyły się, ale świat pozostał we władzy mitów.

Salzburg

Z góry, na której stoi twierdza Hohensalzburg, widok na rozległą, zieloną dolinę. Daleko, na horyzoncie, granatowe pasmo gór – to Alpy. Niebo czyste, bez chmur. Doskonałość tego widoku. Doskonałość linii dróg, miedz, rowów. Kąty proste, romby, trapezy. Przy szosie drzewa, jednakowo wysokie, równo przycięte. Równo przycięte żywopłoty. Równo skoszona trawa. Wszystkie domki pomalowane, farba świeża, idealnie jasna. Woda w strumyku krystalicznie czysta. Pejzaż tak dopięty, tak skończony, że nic już nie można zmienić, nic dodać. Landszaft? Kicz? Ale jak udany! Jak przyjemny dla oka! Można zrozumieć dumę mieszkańców tej doliny, kiedy podróżują po brudnych, odrapanych miastach stepowej

Azji, po cuchnących dzielnicach slumsów w Lagos i Maputo i favel Sao Paulo i Caracas.

Są krajobrazy napełniające radością i takie, które budzą niechęć i odrazę. Pierwsze są przedłużeniem i owocem naszej wytrwałej i pracowitej osobowości, drugie odrzucają nas: kurczymy się w sobie osaczeni przez agresywną brzydotę i tandetę.

O Europie Środkowo-Wschodniej (notatka dla studentów hiszpańskich). Kilka jej cech:

a – różnorodność i bogactwo kultur, narodowości, religii, języków;

b – historia tego obszaru podobna jest do ruchomych piasków. Ciągle wszystko się zmienia. Państwa powstają i giną. Zmieniają się granice, stolice, flagi. Zmieniają się interesy, ustroje, stosunki między państwami, sojusze;

c – prowincjonalizm. Sprawy lokalne przesłaniają świat. One są światem. Myśl nie wykracza poza granice plemienia, heimatu, regionu, kraju. Jak w holenderskim grodzie Vondervotteimittiss z opowiadania E. A. Poego *Diabeł na wieży*. Mieszkańcy tego grodu szczelnie otoczonego przez wzgórza „nigdy nie zdobyli się na odwagę dotarcia do ich wierzchołków, popierając swoje zachowanie doskonałym uzasadnieniem, a mianowicie niewiarą w istnienie czegokolwiek po tamtej stronie";

d – położenie między dwoma dużymi i silnymi państwami i kulturami. Potrafiły one zawierać sojusze, aby dzielić się Europą Środkową;

e – wspólne doświadczenie totalitarne – nazizmu, a potem komunizmu;

f – chłopski charakter społeczeństw. Ten obszar był przez wieki rolniczym zapleczem Europy Zachodniej. Chłopska kultura i chłopska bieda. Słabość i wtórność klasy średniej. Zniszczenie tej klasy, zniszczenie inteligencji przez nazizm i komunizm. W drugą połowę XX wieku społeczeństwa te wchodzą zdziesiątkowane przez wojnę, biedne, zapóźnione cywilizacyjnie, zdominowane przez sowiecką Moskwę;

g – silne tendencje do emigracji, jako szansy lepszego życia (Polska, Jugosławia, Ukraina).

Zagłada naszej planety wcale nie musi być następstwem wojen gwiezdnych, dziełem niszczycielskich ideologii, inwazji potężnych armii, reżimów owładniętych żądzą panowania nad światem. Zagładę tę może spowodować zwyczajna ludzka głupota. Oto „Rzeczpospolita" z 19 lutego 1997 donosi, że w Słowacji policja zatrzymała dwóch Słowaków, którzy w bagażniku samochodu osobowego przemycali „3 kilogramy czystego uranu 238". Cud, że jeszcze Słowacja istnieje. Że istnieją jej sąsiedzi. Że istnieje Europa!

Przypomina mi się historia, którą kilka lat temu opowiedział mi reporter – Juliusz Fos. Rzeką Narwią, gdzieś poniżej Ostrołęki zaczęły płynąć trupy ludzkie. Wzbudziło to jego zainteresowanie. Tyle trupów? Skąd? Dlaczego? Ruszył w teren, zaczął badać. I doszedł. Oto nadnarwiańscy chłopcy postanowili ułatwić sobie połów ryb. Zamiast godzinami sterczeć z wędką nad wodą wymyślili podłączyć po cichu druty do biegnącej sąsiednimi polami linii wysokiego napięcia, następnie wejść z nimi do rzeki i prądem elektrycznym tłuc ryby. Nie wiedzieli, że w ten sposób sami skazywali się na śmierć.

Sowietyzm, lenistwo i bałagan, jakie z nim się wiązały, pasował do tego społeczeństwa chłopów wschodnioeuropejskich, których życie składało się z długich okresów bezczynności (przednówek, zima), tygodni i miesięcy, kiedy siedziało się w chacie wyglądając przez okno na drogę.

7 września 96, w Las Vegas, po meczu, w którym Mike Tyson już w drugiej minucie walki znokautował swojego przeciwnika, został zastrzelony Tupac Shakur – idol amerykańskiego gangsta rap, którego sławę porównują z legendą Jamesa Deana. Shakur jechał czarnym BMW prowadzonym przez właściciela Death Row Records – Mariona Knighta. W pewnym momencie zrównał się z nimi biały cadillac, z którego nieznany zabójca oddał serię strzałów w głowę i tułów Shakura. Oba samochody pędziły z dużą szybkością, cała scena trwała kilkanaście sekund.

Afro-Amerykanie rozładowują swoje frustracje i agresje słuchając i tańcząc gangsta rap, którego rytm jest agresją, jest wyładowaniem i wyzwoleniem. Czarny Shakur śpiewał:

> And they say
> It's the white man
> I should fear
> But it's my own kind
> Doin' all the killin' here

(Mówią, że powinienem bać się białego człowieka, ale to ludzie z mojej rasy dokonują tu wszystkich morderstw).

W tej krótkiej zwrotce jest wszystko – i gorycz, i lęk, i ta zmora, która panoszy się wszędzie, gdzie istnieje konflikt ras: obsesja.

styczeń 97

Jak bardzo Ameryka podszyta jest Afryką! Afrykańczycy mówią: bez Afryki nie byłoby Ameryki. Siły Afryki zostały zużyte na zbudowanie Ameryki – przez to, że przez trzy wieki wywożono z Afryki miliony ludzi jako niewolników za Atlantyk, jest ona dziś zbyt wyczerpana, żeby miała energię dorównać najlepszym. Autorzy tej teorii mają mocny argument: przez owe lata niewolnicy importowani z Afryki budowali potęgę i dobrobyt Ameryki. Ich potomkowie czynią to do dzisiaj.

Rzeczywistość raz po raz przypomina o afrykańskich korzeniach Ameryki. Oto w Oakland w Kalifornii trwa spór, czy uznać ebonics drugim, czy nawet pierwszym językiem w szkołach, w których większość to dzieci afro-amerykańskie. Termin ebonics powstał w 1973 r. na określenic gwary, dialektu, a teraz już po prostu języka, którym mówi ludność murzyńskich gett w miastach USA. Jego gramatyka i słownictwo mają swoje źródła w językach Zachodniej Afryki. M.in. w ebonics nie wymawia się spółgłosek na końcu wyrazów: zamiast „hand" powie się „han". Tak! Kierowca taksówki w Lagos powie zawsze „masta" zamiast „master".

To, że walka, aby uznać ebonics za odrębny, nieangielski język, zaczęła się w szkołach podstawowych, przemawiałoby na korzyść tych językoznawców i historyków, którzy twierdzą, że języki wymyślają dzieci. Przykładem – gwary szkolne i podwórzowe, których dorośli często nie mogą zrozumieć. Dzieci mają swój odrębny świat, swoją wyobraźnię (vide – ich niezwykłe malarstwo) i dla wzajemnej komunikacji wymyślają szyfry, które starsi podnoszą później do rangi języków.

2.9.96

Wczoraj Saddam Husejn rozpoczął ofensywę na tereny zamieszkane przez Kurdów. W odpowiedzi – Clinton stawia część swojej armii, stacjonującej w tej części świata, w stan pogotowia.

Zdjęcia CNN: ruszają lotniskowce. Przypinanie rakiet pod skrzydła samolotów. Start chmary helikopterów. Zdejmowanie pokrowców z wozów pancernych. Żołnierze piechoty morskiej wkładają hełmy, które przypominają te z filmów science fiction – jakieś na nich anteny, przewody, czujniki.

Imponująca manifestacja cudów techniki, łączności, dyscypliny. Clinton, który przed chwilą wydał rozkaz nakazujący tę błyskawiczną mobilizację, rozmawia ze swoimi wyborcami, gdzieś na prowincji amerykańskiej, uśmiechnięty, pogodny, w luźnej koszulce sportowej. Świeci słońce i jest pełnia lata.

Amerykańscy intelektualiści podziwiają potęgę własnego kraju, który wygrał wiek XX. „Nigdy w ciągu ostatnich 500 lat nie istniała większa przepaść między potęgą numer 1 a resztą świata – pisze Charles Krauthammer. Czy w tym czasie jakikolwiek naród panował tak zdecydowanie jak dziś Ameryka na polu kulturalnym, ekonomicznym, dyplomatycznym, wojskowym?" (IHT 27.8.96), Paul Kennedy: „Między potęgą numer 1, tj. USA, a wszystkimi pozostałymi krajami świata powstała przepaść większa niż ta, która istniała kiedykolwiek w historii świata od czasu, kiedy Anglia i Francja podbiły Afrykę z pomocą ckm-ów Gatlinga (NPQ, lato 96)". Notabene: Richard Gatling, amerykański fabrykant, włókiennik wynalazł ckm w 1862 roku.

Mają poczucie siły, poczucie władztwa. Patrzą na wszystko z perspektywy globalnej, planetarnej. Ich słowo-klucz to: vision. Ich działanie cechuje dynamika, potrzeba odkrywcza i rozmach finansowy.

John Naisbitt: w Stanach Zjednoczonych uniwersytety zatrudniają więcej ludzi niż rolnictwo.

Amerykanie starają się rozprzestrzenić wszędzie i przeszczepić swoją cywilizację, a największą przeszkodą kulturową i polityczną na tej drodze jest islam. Dlatego wielkie działa Ameryki skierowane są przeciwko niemu. Ostrzał trwa na wielu frontach, w tym – propagandowym. Dokonuje się wielu różnych manipulacji leksykalnych, semantycznych. Pierwszym zabiegiem było zastępowanie w mediach słowa – islam (jako nazwy religii) przez określenie islam wojujący (militant islam), co sugerowało, że islam jest bardziej ruchem politycznym niż religijnym. Nasiliło się to szczególnie w okresie rewolucji irańskiej (koniec lat 70-tych). Modnym zdjęciem staje się w prasie fotografia irańskiego duchownego z kałasznikowem w rękach. Potem manipulacja idzie o krok dalej: w miejsce islamu wojującego pojawia się fundamentalizm islamski. Fundamentalizm – to już coś bardziej zasadniczego, immanentnego, nieprzejednanego. W mediach mniej jest fotografii czy ujęć telewizyjnych modlących się, pokornych wiernych, wyznawców Allaha, a na to miejsce pojawiają się rozwścieczone twarze młodych ludzi, wygrażających światu pięściami. Ci wściekli to są właśnie fundamentaliści. Najczęściej widzimy ich w tłumie, jak chodzą i manifestują. Z czasem media pójdą jeszcze dalej – słowo fundamentalista będzie stopniowo zastępowane przez słowo – terrorysta. Islamski terrorysta. Koło zostaje zamknięte, droga przebyta do końca. Jej etapy: wyznawca islamu zostaje przemieniony w wojującego muzułmanina, ten staje się islamskim fundamentalistą, a ów ostatecznie – terrorystą. Ergo – wyznawca islamu = terrorysta.

Teraz staje się jasna teza Huntingtona – że przyszła wielka wojna będzie wojną cywilizacji. Uściślijmy to: wojną cywilizacji amerykańskiej z cywilizacją islamu. Zaczęła się już ona w Iranie, potem przeniosła się do Zatoki Perskiej, a jej kolejny epizod rozegrał się w Somalii.

Dwie rzeczy przychodzą od razu na myśl. Pierwsza – że będzie to wojna o przyszłość Zachodu i Ameryki,

117

ponieważ islam kontroluje źródła ropy naftowej, a bez niej świat rozwinięty nie może istnieć. Druga, że islam stał się już wewnętrznym problemem Stanów Zjednoczonych. Powstał tam ruch – Nation of Islam. Jego przywódca – Louis Farrakhan – organizuje już międzynarodówkę islamską. W samych Stanach bazą etniczną islamu są mieszkańcy gett i dzielnic murzyńskich – Afro- -Amerykanie, miliony ludzi. Farrakhan mówi, że „rząd USA bardzo, bardzo boi się liczebnego wzrostu czarnej ludności" i walczy z tą groźbą za pomocą narkotyków: chce zniszczyć czarnych narkotykami.

Bank w Berlinie, w pobliżu ZOO Garten. Masywna, z ciemnego dębu bariera oddziela klientów od urzędników. Podłoga po stronie klientów jest wyższa niż po stronie urzędników, tak że ci pierwsi patrzą na tych drugich z góry. Ten topograficzny szczegół jest ważny dla Fräulein Christine, u której realizuję czeki. Z wyglądu ma niewiele ponad dwadzieścia lat. Jest przeciętnej urody, a nawet, po prostu, brzydka. Zbyt duży nos, głęboko osadzone, szare oczy, silne, szeroko rozstawione szczęki. Ale te niedoskonałości urody natura rekompensuje dziewczynie w jednym – Christine ma (czujemy to, domyślamy się i nawet częściowo widzimy) fenomenalny biust. W tym określeniu – „częściowo" – kryje się właśnie cała interesująca nas gra, arcyciekawy w swoich subtelnościach popis, fascynująco zalotna, ale jakże dyskretna pantomima. Bo Christine, to oczywiste i zrozumiałe, chce się podobać. I, naturalnie, wie, co w niej podobać się może. Rzecz w tym jednak, że los obdarzył ją skarbem, którego przecież tak najzwyczajniej, tak po prostu i publicznie, nie może nam pokazać. I w tym jest problem, męcząca łamigłówka: jak pokazać, że co jak co, ale biust mam naprawdę piękny, jednocześnie nie mogąc dać materialnych na to dowodów? Rezultat tych

118

rozterek i wahań możemy oglądać codziennie w naszym banku. Jakże starannie dobrane są tkaniny bluzek, aby były odpowiednio obcisłe, kunsztownie przylegające. Jak precyzyjnie wycięte są dekolty, aby z jednej strony nie przekroczyć granicy uznanej obyczajem i smakiem za przyzwoitą (złośliwe przycinki koleżanek, zjadliwe spojrzenie szefowej), ale z drugiej nie stracić najmniejszej szansy, aby powiadomić nas, że za tym wycięciem zaczynają się rzeczy naprawdę niezwykłe. Ileż owo idealne przykrojenie linii dekoltu, której karkołomnym zadaniem jest jednocześnie zdecydowanie odsłonić i nieśmiało przysłonić, poprzedzało prób, przymiarek, wątpliwości, rozterek. Ile wertowania żurnali, ile biegania po sklepach, ile przeglądania się w lustrach i narad z przyjaciółkami. Ale ustaliwszy linię idealnie równoważącą zalotne skrywanie i śmiałe odkrywanie, Christine staje się tej linii czujną niewolnicą: jeżeli pochyli się nad biurkiem za nisko – odsłoni za dużo, jeżeli natomiast nadmiernie i sztywno wyprostuje się, linia dekoltu pójdzie w górę, przykryje zbyt wiele. W tym płynnym, zmieniającym się kształcie dekoltu, w jego zaczepnej ruchliwości kryją się wszystkie sekrety zabawy, do której dziewczyna daje nam znak.

Bank zatrudniający Christine mieści się przy ulicy, przy której stoi kilka domów publicznych. Latem pełno tu dziewczyn, które, chcąc zachęcić klientów, pokazują przechodniom wszystko, co mają. A jednak to Christine, zwykła urzędniczka, jest atrakcją tej okolicy. Tu bowiem, w tej surowej i mrocznej sali bankowej można podziwiać kunsztowną i kuszącą pantomimę świadomie--nieświadomie odgrywaną ku naszej radości.

18.11.96

W okolicy listopada pogoda ustala się, zapada w długi, jesienny bezruch. Jest szaro i wilgotno. Ciężkie, ołowiane niebo wisi nisko i nieruchomo. Od czasu do czasu przeciągają nagłe, oślizgłe mżawki, jak stada mokrych ptaków. Jest zimno, choć jeszcze nie ma mrozów. To czas depresji, spowolniałej krwi, wypadków drogowych, chorób, a także ruchu na cmentarzach.

Smak powietrza. Powietrze ma nie tylko gęstość i zapach, ale także smak. Może być słodkie, słone, kwaśne itd. Te smaki powietrza mają wpływ na nasz stan psychiczny, na nasze samopoczucie.

Na filmie Paula Austera – „Dym". Zwykli ludzie i ich zwykłe historie. Oto czego się teraz poszukuje – żeby było zwykłe, codzienne, żeby miało swój własny, spokojny rytm. Zwykłość – oto w czym dziś jest niezwykłość. Ten sam róg ulicy nowojorskiej, to samo otoczenie, w którym się ciągle coś dzieje, ale nic się nie zmienia – ten sam bar, ci sami ludzie, wszyscy przykuci do swojego losu, który jest na miarę ich potrzeb i oczekiwań.

W „Newsweek" (9.9.96) recenzje z książki *In Memory's Kitchen* Cary De Silva (wyd. Jason Aronson). 82 przepisy kucharskie, jakie w formie grypsów zanotowały więźniarki obozu koncentracyjnego w Terezinie. Więźniarki, które każdego dnia oczekiwały śmierci, chciały przekazać przyszłym pokoleniom przepisy swoich znakomitych sałatek, zup, przekąsek, dań mięsnych i rybnych, ciast, strucli, faworków i tortów.

Jakaż to siła – marzenie o normalności. Nawet w obliczu śmierci z głodu w obozie koncentracyjnym. Jak zrobić dobre gołąbki? Takie, żeby wszystkim smakowały. W tej trosce jest cała kobieta. Jej myślenie. Jej pamięć. Jej ambicje. Bitki z kaszą gryczaną. Pieczeń cielęca. Kotlet schabowy. Karp po żydowsku.

Kobieta. Konkret. Dotyk. Zapach. Wiara, że życie będzie trwać. Trawienie. Materia. Biologia. Natura.

Coraz częściej, bardziej niż przejawy agresji (zabójstwa, eksplozje, napady i porwania) interesuje mnie widoczna u ludzi i społeczeństw dążność do normalności, niemal odruchowe przywracanie jej tam, gdzie została naruszona. Krzątaninie człowieka przy naprawie zerwanego mostu, zasypywaniu lejów po bombach, tynkowaniu muru zgruchotanego przez pociski brak jednak dramaturgii, napięcia, dreszczu emocji, atmosfery horroru i tych wszystkich nastrojów i doznań, które towarzyszą nam, kiedy oglądamy sceny walki, niszczenia, zagłady. Stąd we współzawodnictwie między normalnością a wszelką aberracją o dostęp do naszej uwagi i zainteresowania, ta pierwsza nie ma szans. Media szukają krwi, potrzebują jej zapachu, jej przejmującego widoku. Zło jest bardziej fotogeniczne, fascynuje, pochłania bez reszty.

U źródeł optymizmu może, paradoksalnie, leżeć głęboki pesymizm. Na przykład ktoś jest przekonany, że istotą natury ludzkiej jest zło, najsilniejszym instynktem – żądza niszczenia, naczelną cechą umysłu – głupota, pierwszym odruchem – agresja. Taki człowiek spodziewa się po ludziach wszystkiego najgorszego, każdej możliwej nikczemności, każdej zbrodni i jeżeli tylko do tych okropności nie dochodzi, uważa, że trzeba się cieszyć, że świat napawa optymizmem.

To zjawisko optymizmu zrodzonego z głębokiego pesymizmu Rosjanie w okresie stalinizmu nazywali współczynnikiem Kołymy. Było bowiem wiadomo, że Kołyma, gułagi Kołymy – to piekło świata i że wszystko, co jest odrobinę lepsze niż tamten koszmar – powinno być źródłem zadowolenia i optymizmu. Jeżeli w mieszkaniu zamarzała woda, nie było co jeść ani w co się ubrać, Rosjanie pocieszali się mówiąc: nie narzekajmy, że jest źle, na Kołymie mają gorzej! I uważali się za wybrańców, za szczęśliwców. Byli to prawdziwi optymiści.

Na świecie żyje sześć miliardów ludzi. To potencjalnie sześć miliardów różnych interesów, ambicji, sprzeczności, konfliktów. Naładowana taką groźną energią nasza planeta powinna dawno wylecieć w powietrze, przecież mamy bomby zdolne unicestwić życie na ziemi. A jednak świat istnieje, żyje w pokoju (w miarę), jakoś się rozwija. Jak więc nie być optymistą?

„Przyszły czasy szalenie zachowawcze – mówi Agnieszka Holland w wywiadzie dla «Rzeczypospolitej» (26.3.96) – nikogo nie interesuje sięganie za horyzont.”

Hiszpania w lipcu 96

Miguel Induraín – kolarz. Dla Hiszpanów – sportowiec wszechczasów. Kolejno pięć razy wygrywał Tour de France. A teraz – po raz pierwszy – przegrywa. Hiszpania z zapartym tchem śledzi ten wyścig. Wszędzie – w Kordobie, w Madrycie, w Salamance widzę Hiszpanów, jak siedzą w barach, w kawiarniach, w domach i wpatrzeni w telewizory obserwują jadących kolarzy, szukają Induraína. Koła rowerów kręcą się w witrynach sklepów, w oknach, w poczekalniach, w hotelach, kręcą się odbite w lustrach i w szybach, przelatują przed nami i obok nas, toczą się pod wszystkimi kątami i we wszystkich kierunkach – jakby cały kraj pędził w upale, w słońcu, w gorączce tropikalnego południa, pochylone, napięte sylwetki przesuwają się z jednego brzegu ekranu na drugi, a Hiszpanie to podskakują na stołkach, to uderzają się w czoła, to klepią się po ramionach, po plecach, po udach, aż wreszcie rozchodzą się ze zwieszonymi głowami strapieni i milczący.

Hans Magnus Enzensberger powiedział mi kiedyś, że chciałby napisać książkę na temat zawodów (profesji), których już nie ma, które zginęły. Tak, bo przecież można by opowiedzieć dzieje ludzkości jako historię profesji, które kiedyś pojawiły się, funkcjonowały, ale potem przestały istnieć. Było ich dziesiątki, setki, w samej tylko kulturze europejskiej. Choćby płatnerz – rzemieślnik wyrabiający zbroje płytowe. Albo bartnik – pszczelarz dzikich pszczół. Albo rybałt – śpiewak, aktor wędrowny. Płatnerz, bartnik, rybałt – to już odległa przeszłość. Ale ileż zawodów zniknęło w naszych czasach, na naszych oczach? Choćby rakarz albo maszynista lokomotywy parowej, albo konduktor tramwajowy, nawet – kowal. Jak mało już zostało kowali!

Marks sądził, że kapitalizm zginie, że zlikwiduje go klasa robotnicza (Burżuazja – głosi *Manifest komunistyczny* – „wytwarza przede wszystkim swoich własnych grabarzy – robotników"). W rzeczywistości jednak, to właśnie kapitalizm stopniowo likwiduje klasę robotniczą.

Zaczęło się od chłopstwa. Chłopstwo jako liczna i uboga społeczność drobnych rolników, zahukanych, niepiśmiennych hreczkosiejów od dawna już zanika w krajach rozwiniętych. Im bardziej nowoczesny kraj, tym mniej ludzi pracuje w rolnictwie, tym mniej jest chłopów. Ten sam los dotknął obecnie klasę robotniczą. W społeczeństwach rozwiniętych jest to klasa ginąca – przyszłej gospodarce będą potrzebne bardziej umysły niż ręce.

Grabarzami robotników są dwie siły: nowoczesna technologia i światowy kapitał. Ta pierwsza czyni pracę rąk coraz mniej użyteczną i opłacalną. Wszędzie zastępują ją maszyny – sprawne i wydajne. Ta druga – tj. wielki kapitał, mogąc swobodnie krążyć po naszej planecie, lokuje swoje inwestycje tam, gdzie robotnik jest najtańszy i najbardziej posłuszny. W Azji zarabia on dziesięć razy mniej niż w Ameryce, w dodatku działalność związków zawodowych jest tam zakazana.

Ten świat to świat dla bogatych. Kto nie należy do warstwy uprzywilejowanych, jest skazany na drugorzędność, na wegetację i posłuszeństwo. Kto się zbuntuje – przegra, zresztą duch buntu jest wśród skrzywdzonych i odsuniętych (albo – jak mówią to Francuzi – wykluczonych) coraz słabszy. Nastrój rezygnacji jest wśród nich powszechny: głową muru nie przebijesz.

Kilka dogmatów ekonomicznych legło w gruzach. Najważniejszy z nich – że rozwój inwestycji, handlu i technologii będzie zwiększał dobrobyt całego społeczeństwa. Jest inaczej: dziś bogacą się ci, którzy już są bogaci. Ludzkość – w skali każdego kraju i całej planety można podzielić na dwie grupy, na wygranych i przegranych. Ktoś czuje, że się coraz bardziej wspina, ale inny widzi, że znalazł się na boku, poza grą, daleko od zastawionego stołu: oto na jakie obozy podzieliła się rodzina człowiecza, a raczej – podzielona była zawsze, ale rozwój masowej komunikacji coraz to dobitniej wszystkim uzmysławia.

W świecie jest dużo ekonomicznego niepokoju i niepewności. Rośnie bezrobocie: w krajach rozwiniętych, w roku 1974 było ich mniej niż 18 milionów, w 20 lat później (w 1994) już 34 miliony. W dodatku regułą jest, że jeśli bezrobotny dostanie nową pracę, będzie ona gorzej płatna niż poprzednia. Najbardziej pokrzywdzeni i zagrożeni są nisko wykwalifikowani. Stanowią oni wielki ekonomiczny i humanitarny problem. Co z nimi zrobić? Czy raczej – co oni mają zrobić? Wyjście byłoby jedno: rozwijać oświatę i kulturę, przygotowywać ludzi do życia w nowym, nowoczesnym świecie, w którym największe korzyści odniosą wykwalifikowani i wykształceni. Ale rządy postępują inaczej – w tych właśnie dziedzinach dokonują największych redukcji i cięć.

Zmierzch klasy robotniczej w krajach rozwiniętych nie oznacza, że zniknęła ona z powierzchni ziemi. Tradycyjne przemysły przecież istnieją i rozwijają się – ale ich miejscem są kraje Trzeciego Świata. Kiedyś, jeszcze 50 lat temu, podział pracy był następujący: kraje Północy wytwarzały i eksportowały towary do krajów Południa, a importowały stamtąd surowce. Dziś kraje Północy eksportują tam coraz mniej, bo ich towary są dla Południa zbyt drogie, natomiast właśnie Południe coraz więcej wytwarza i eksportuje tanich towarów na Północ. W ten sposób wielki kapitał wykończył kosztowną klasę robotniczą krajów bogatych rękami tanich robotników Trzeciego Świata.

Kiedy A.B. próbuje określić, co najbardziej różni komunizm od kapitalizmu, wskazuje na odmienny stosunek do inicjatywy. Komunizm zabijał inicjatywę, bał się jej, w najlepszym razie traktował ją podejrzliwie. Bazował na ludzkiej skłonności do lenistwa, do bierności. Odpowiadała mu natura słowiańskiego chłopa, którego zły klimat skazywał na miesiące bezczynności. Tymczasem warunkiem funkcjonowania w kapitalizmie jest przejawianie inicjatywy. Kapitalizm jest ustrojem stworzonym przez i dla człowieka inicjatywy, człowieka miejskiego, człowieka rynku, konkurencji, wspinaczki – inni nie mają szansy.

Społeczeństwa świata różnią się między sobą m.in. rolą, jaką w ich życiu odgrywa inicjatywa jednostek, grup, instytucji. Są takie, w których inicjatywa jest wielką i stałą siłą napędową (tzw. bottom-up society), siłą oddolną pchającą w górę całe społeczeństwa i stanowiącą źródło i nerw ich rozwoju. W innych – odwrotnie, inicjatywa dołów była bezwzględnie tłumiona i niszczona. To tzw. top-down society, społeczeństwo plemienne bądź autorytarne, odznaczające się biernością, stagnacją, apatią.

Wychowywałem się w przekonaniu, że wolność, równość i braterstwo to wartości najwyższe. A nawet, że równość zajmuje miejsce naczelne, że jej zwycięstwu mają być podporządkowane i wolność, i braterstwo. Dlatego podróż do Indii była kiedyś dla mnie takim szokiem. Znalazłem się w świecie, w którym nierówność była nie tylko stanem powszechnym, ale – co najbardziej uderzało – pożądanym, i to właśnie przez tych, którzy według moich naiwnych przekonań powinni prowadzić z ową niesprawiedliwością walkę. Najbardziej kłopotliwe były sytuacje przy wyjściach z hoteli, ze świątyń, z muzeów, z wszystkich miejsc odwiedzanych przez cudzoziemców i turystów. Od razu rzucał się na mnie tłum rikszarzy, którzy namolnie, natarczywie oferowali swoje usługi. Otóż to właśnie – że będę siedział wygodnie w rikszy, pchanej przez wychudłego i najpewniej głodnego człowieka w koszmarnym upale indyjskiego lata zupełnie nie mieściło mi się w głowie. Wymykałem się, uciekałem, stanowczo, gwałtownie odmawiałem, mimo że błagali mnie, wyrywali jeden drugiemu, siłą wpychali w swoje zdezelowane pojazdy. Lata później czytałem Claude'a Lévi-Straussa *Smutek tropików* jak odkrycie: francuski antropolog zwracał uwagę, że wcale nie wszyscy ludzie chcą być równi, że istnieją kultury, które właśnie zabiegają o utrzymanie, a nawet powiększanie nierówności: „tutaj jest się zmuszonym zaprzeczyć człowieczeństwa partnerowi, chociaż tak by się pragnęło mu je przyznać. Wszystkie podstawowe sytuacje określające stosunki między osobami są sfałszowane, reguły gry społecznej są oszustwem – nie ma sposobu, aby zacząć na nowo, gdyż jeśliby się chciało traktować tych nieszczęśliwców jak równych sobie, zaprotestowaliby przeciw tej niesprawiedliwości: oni nie chcą być równi, błagają, zaklinają, żebyś ich przytłoczył swoją wspaniałością, gdyż właśnie powiększenie tej dzielącej was od nich przepaści daje im nadzieję otrzymania jakichś okruchów, tym bardziej wartościowych, im bardziej stosunek między wami będzie odległy; im wyżej będą was sytuowali, tym silniej będą się spodziewali, że ten drobiazg, o który was proszą, będzie coś wart. Nie myślą zatem, aby stawiać się na równi... Bez ustanku krążą wokół was błagając o rozkazy. Jest coś erotycznego w tym pożądaniu poddaństwa".

Konsumeryzm – to zachłanna lubieżność konsumpcji. To nienasycenie. Żarłoczność. Żądza łupu. Pasja posiadania. Potrzeba triumfowania. Potrzeba władzy. Można to porównać z pożądaniem seksualnym, które nigdy nie może być zaspokojone. Pisze o tym Colin Wilson w *Outsiderze* dając za przykład Gerarda Sorme – bohatera jednej ze swoich powieści: „Sorme spędził popołudnie w łóżku z Caroline, siostrzenicą, kochając się z nią sześć lub siedem razy. Jest seksualnie zaspokojony, wydaje się, że jego pożądanie zostało spełnione, że fantazje seksualne straciły nad nim kontrolę. Wstaje, idzie następnie na schody – akcja toczy się w suterenie – by przynieść mleko, i spostrzega, że po kratach nad jego głową idzie jakaś dziewczyna. Ukradkiem oka spogląda pod jej sukienkę. I natychmiast czuje pożądanie..."

Ameryka: historia kultury życia codziennego to coraz częściej historia gastronomii: gdzie otwarli (lub zamknęli) nową restaurację? Gdzie można dobrze zjeść? Jaką jeszcze potrawę spróbować? Kto robi najlepszą cielęcinę? Kto najlepiej przyrządza ostrygi? Rozmowy o jedzeniu zastąpiły rozmowy o pogodzie. A właściwie – pogoda jest głównym tematem rozmów przy jedzeniu.

Mircea Eliade w swoich zapiskach z 1952 podziwia intuicję Sorela. Francuski filozof, Georges Sorel, już w 1908 roku w swojej książce *Złudzenie postępu* zdefiniował powód, dla którego zamożni tego świata są tak przywiązani do idei nieskończonego postępu: „Analiza historyczno-polityczna tego związku ideologii z mitem – pisze Eliade – jest oparta na motywacjach psychologicznych. Burżuazja, mówi Sorel, cieszy się z postępu technicznego i jest przekonana, że jutro wszyscy będą z niego korzystali i w ten sposób może się spokojnie delektować d z i s i a j tym, co j u ż posiada, bez żadnych kompleksów. Jeżeli bowiem prawdą jest, że biedni dziś cierpią, jutro postęp techniczny wyzwoli ich z kolei. W rezultacie my, posiadacze, mamy prawo rozkoszowania się tym, co posiadamy, ponieważ wszyscy inni j u t r o doznają tego samego szczęścia".

W życiu wielkiego miasta, w chaosie, zgiełku i ogromie metropolii-gigantów fascynujące jest, jak ludzie wyłuskują dla siebie odrobinę prywatności, łupinę intymności, żeby spędzić chwilę osobno, w cieple bycia razem wśród swoich, w ciszy, w zamknięciu, w czymś w rodzaju towarzyskiego batyskafu. Wiele scen w literaturze amerykańskiej to po prostu opisy tego, jak dochodzi do spotkania ludzi w miejscach tak przepastnie ogromnych, jak Nowy Jork czy Los Angeles. Jak planują takie spotkania, jak telefonują do siebie w tej sprawie, na jakie po drodze napotykają trudności, jakie mają przygody, jakie spotyka ich szczęście (znaleźli parking!) albo nieszczęście (nigdzie blisko nie znaleźli parkingu), jak wreszcie docierają do celu. Ci, którzy już są na miejscu, przyjmują tych nadchodzących, jakby witali przybyszów z dalekiej i niebezpiecznej podróży. Bo ci, co weszli, tak rzeczywiście wyglądają: umęczeni, udręczeni, często wymięci, wygnieceni, spoceni i zakurzeni – ale zarazem już odprężeni, weseli i szczęśliwi, że wyrwali się potworowi z brzucha, przebrnęli przez jego betonowo-stalowe wnętrzności i labirynty i że teraz mogą na chwilę, na godzinkę, na jeden wieczór skryć się, zamknąć w szczelnej, przytulnej muszli.

W powszechnym zamęcie, natarczywym pośpiechu, rozpychaniu łokciami, chamstwie i agresji, ktoś, kto uśmiechnie się do nas, ukłoni, odezwie się grzecznie – od razu zwróci naszą przychylną uwagę. Zapamiętamy go, będziemy wyróżniać, chwalić i mówić: jaki to miły człowiek!

Jak bardzo zmieniły się miasta. Patrzę na obraz Claude'a Moneta „Le Boulevard des Capucines" z 1873 roku. Domy na tym obrazie świecą. Kamienice, ulice, miasto są źródłem światła. Miasto jaśnieje, promieniuje jak gwiazda. Dzisiaj ten sam bulwar jest huczącym wąwozem wypełnionym kłębami spalin i kurzu.

Na straganie, w pobliżu Kremla, kupiłem dzieła Wasyla Kluczewskiego. Kluczewski, wielki historyk rosyjski, jak gdyby antycypując zauroczenie swoich rodaków marksizmem, zapisał w swoim dzienniku w lutym 1898 roku: „Przez całe wieki grecka, a potem rosyjska literatura uczyły nas wierzyć, wierzyć we wszystko, wierzyć każdemu... Jednocześnie zabraniali nam myśleć. Mówili nam: wierz, nie myśl. Zaczęliśmy bać się myśli jak grzechu, jeszcze zanim zaczęliśmy umieć myśleć i nim nauczyliśmy się sztuki zadawania pytań. Stąd, stykając się z cudzą myślą, przyjmowaliśmy ją na wiarę. W rezultacie prawdy naukowe zamienialiśmy w dogmaty, autorytety naukowe przekształcaliśmy w fetysze, a świątynie nauk – w kaplice przesądów i tabu... Pod wpływem Bizancjum staliśmy się sługami cudzej wiary".

Herbert Schnädelbach w swojej książce *Filozofia w Niemczech 1831-1933* (PIW, 92) pisze, że w Prusach, po 1815 roku „zamiast emancypacji mieszczaństwa dokonuje się emancypacja biurokracji państwowej, która przeprowadza «rewolucję odgórną», a mianowicie – środkami administracyjnymi wspiera powstanie pruskiego narodu państwowego".

Ileż analogii między Prusami a Rosją, tą – carską i później – sowiecką! „Naród państwowy" – właśnie to! Państwo – jako źródło tożsamości obywatela. Utożsamianie interesu państwowego z narodowym, społecznym, prywatnym (sfera prywatna zostaje właściwie wchłonięta przez państwo, przestaje istnieć). Władza głosi teorię, że im państwo silniejsze, tym ty jesteś silniejszy, tymczasem w systemie demokratycznym filozofia jest inna: mniej państwa, a na jego miejsce – więcej społeczeństwa!

Choć Lenin głosił się przywódcą proletariatu (a więc klasy w tamtych czasach ubogiej), jego myśl nie obracała się nigdy wokół doli biednych i poprawy ich życia, lecz wokół problemu siły i władzy. Zasadą, kluczem w tym dążeniu była kategoria wyłączności, monopolu, totalizmu, przekonanie, że władzy nie można z nikim dzielić. Do osiągnięcia tego stanu absolutnej wyłączności istniała tylko jedna droga – fizyczne zniszczenie wroga. W tym właśnie biologicznym traktowaniu walki politycznej, w stałym dążeniu do ostatecznego rozwiązania – tkwił sens leninizmu.

5.6.96
Radio „Swoboda" podało, że wg ostatnich danych rosyjskiego MSW w Rosji działa ponad 8 tysięcy organizacji przestępczych, a 140 takich organizacji za granicą (głównie w USA i Niemczech).

Wszelki nacjonalizm jest odpychający i groźny, ale nacjonalizm kraju silnego i ogromnego jest dla świata szczególnie niebezpieczny. Teza, że miejsce ideologii totalitarnych zajmuje nacjonalizm, jest głoszona przez wielu politologów, a życie wydaje się ją potwierdzać. Niepokojący jest rozwój nacjonalizmu i nastrojów szowinistycznych w krajach największych. W Rosji nacjonalizm kwitnie. Ma on tam, w swoich skrajnych przejawach, religijno-mistyczne zabarwienie. Postawy nacjonalistyczne ujawniły się w Stanach Zjednoczonych z okazji Olimpiady w Atlancie. Charles Krauthammer pisze, że sprawozdania telewizyjne z Olimpiady cechuje „nieznośny, bezwstydny szowinizm. Każda relacja sprowadza się do jednego: co robią Amerykanie i jeżeli nie zdobywają złotych medali, to dlaczego?" (IHT 27.08.96).

Jednocześnie na Pacyfiku Chiny starły się z Japonią o małą, skalistą, bezludną wysepkę (jej nazwa, po japońsku – Senkakus, po chińsku – Diaoyus) – do której oba kraje roszczą pretensje.

Siegfried Lenz: „Pojęcie «Heimat» jest węższe niż «Vaterland». Interesuje mnie właśnie to zawężenie horyzontu, ta prowincjonalna ciasnota, która rodzi butę i fatalne pretensje. Prowincjusze często czują się wybrańcami losu, mają poczucie nieograniczonych możliwości" (w rozmowie z B.W. Surowską i K. Sauerlandem – „Literatura na Świecie" 5/85).

Pojęcie ojczyzny zastępujemy, często już, pojęciem dobrego miejsca na ziemi, miejsca, w którym da się żyć na miarę naszych pragnień.

Jednym z problemów świata współczesnego, świata przeżywającego tak głęboką, radykalną i rozległą transformację jest zdefiniowanie w tej nowej sytuacji pojęcia tożsamości narodowej. Co oznacza ono dla obecnych społeczeństw? Z jakimi wiąże się wartościami? Symbolami? Dążeniami? Co to znaczy d z i ś być Serbem? Hiszpanem? Polakiem? Jakie aktualne pojęcia kryją się za tymi nazwami? Czy nie widać tam, gdzie nacjonalizmy są najbardziej żywotne i zacięte, że tożsamość narodowa sprowadza się czasem do cech już bardzo przestarzałych i anachronicznych? I że – im bardziej są one przebrzmiałe, tym bardziej agresywnie zachowują się ich obrońcy i rzecznicy? Że ludzie nie są tam zdolni zastanowić się nad swoją sytuacją i znaleźć nowe miejsce, nową rolę dla swojej wspólnoty?

9.1.97

Obserwując postawy imigrantów z krajów biedniejszych, którzy zamieszkali w krajach bogatszych: stosują oni taktykę ostrożnego przyczajenia. Starają się nie zwracać na siebie uwagi. Starają się być anonimowi. Chętnie wykonują polecenia. Nie krytykują. Nie protestują. Nie tworzą partii. Nie walczą o władzę. Dostał pracę jako murarz? Chce pozostać murarzem. Został przyjęty jako sprzątacz? Chce pozostać sprzątaczem. Nie zamierza być członkiem parlamentu. Nie chce być ministrem. Imigrant stoi we wskazanym mu miejscu, wie, co mu wolno. Jest prototypem człowieka cywilizacji przyszłości: anonimowy, posłusznie pracowity, wydajny, dyskretnie egoistyczny, umiarkowanie ambitny, wyrwany ze swojej wioski czy miasta, ze swojego kraju i kultury, tworzy zaczyn nowego, planetarnego społeczeństwa, którego kształt dopiero zaczyna się rysować.

Nisza: „wnęka, wgłębienie". Sposób na przetrwanie. A także sposób na stworzenie sobie klimatu samouwielbienia, bo nisza ma jedną zaletę – można ją całkowicie wypełnić samym sobą, co uwolni nas od zmory konfrontacji, porównania, stawania przed sądem opinii.

Żyć tak długo w jakimś kraju, żeby móc powiedzieć: zupełnie go nie znam!

133

Ileż słów określających wartości wyszło u nas z użycia! Słowo – honor, duma, szlachetność, miłosierdzie, poświęcenie i dziesiątki innych. I o samych wartościach mówi się już tylko odświętnie.

Słowa – klucze słownika współczesnego:
post – modernistyczny
post – geograficzny
inter – akcja
inter – subiektywny
multi – etniczny
multi – rasowy

Banał. Ale czy banał nie jest prawdą? Tyle, że prawdą oczywistą? Ile razy jednak przekonujemy się, że te prawdy oczywiste torują sobie drogę z niesłychanym trudem albo w ogóle nie mogą przebić się na powierzchnię? Prawdy oczywiste to są te, które mówi mędrzec, a które mędrek wydrwiwa jako banały.

Molier: „Jedni powiadają, że nie, inni powiadają, że tak, a ja powiadam, że tak i nie" (*Chory z urojenia*).

Poczucie, że coś odkrywamy w humanistyce, wynika dziś tylko z naszych braków w oczytaniu.

W walce o władzę często wygrywa ten, kto okazuje chęć i wolę zwycięstwa. Spójrzmy na środowisko, na grupę, w której toczy się walka o przywództwo. Wkrótce zauważymy, jak ludzie różnią się tam między sobą stopniem koncentracji, natężenia woli politycznej: jedni będą chcieli wygrać walkę za wszelką cenę, inni zachowają się bardziej powściągliwie, jeszcze inni – obojętnie. Ci najsilniej opętani żądzą władzy, będą wspinać się wyżej i wyżej. W ich sposobie bycia coś zwraca uwagę: są skupieni, jest w nich jakaś intensywność, gorączka, gotowość do skoku. W ich zachowaniu jest tyle starania i napięcia, że nie zastanawiając się i nawet wbrew naszym upodobaniom – udzielamy im poparcia.

Fenomen Clintona: „Newsweek" 9 września 96 pisze o Clintonie: „he is often accused of having no core". Jak to przetłumaczyć? Że nie ma kręgosłupa? Kośćca? Poglądów? Wnętrza? Że jest oportunistą? Pragmatykiem? Zajrzałem do oksfordzkiego słownika synonimów z 1991 roku. Słowo „core" ma 28 znaczeń. Oprócz tych, którc wymieniłem, są jeszcze: rdzeń, szpik, esencja, jądro, oś itd.

Clinton to reprezentant nowej generacji polityków, która zaczyna rządzić światem. Po latach panowania ciężkich, mrocznych, zaciekłych, ponurych ideologii – przychodzi wiek, w którym dominuje lekki kaliber, postmodernistyczny luz, elastyczna linia. Rządzi aktualna sytuacja i doraźne interesy. Króluje i decyduje czas teraźniejszy. Zaciągane są zobowiązania, które nic nie znaczą, i składane obietnice, które są tylko grą.

Do władzy dochodzi na świecie generacja g ł a d k i c h. Nie strategów, nie Cezarów, nie mędrców – gładkich. Nie zaciekłych, nie ponuraków, nie ideowców, nie fanatyków – gładkich. Nie mściwych, nie psychopatów, nie satrapów, nie dyktatorów – gładkich. Gładkich, zadbanych, uprzejmych, zręcznych, przymilnych, dbających--aby-wszyscy-mnie-lubili.

Wybory powszechne, które w ostatnich latach odbyły się w wielu najzupełniej różnych krajach, mają trzy cechy wspólne:

a – wyraźna jest tendencja społeczeństw do dzielenia się na dwa wielkie bloki, np. na tak zwaną lewicę i prawicę (mówię tak zwaną, gdyż pojęcia te mało dziś znaczą i tylko służą różnym ugrupowaniom jako hasła identyfikacyjne). Uderza, że zwycięzca w wyborach osiąga tylko minimalną przewagę liczebną nad pokonanym. Tendencją jest, aby wynik wyborów oscylował wokół podziału 50:50;

b – po wyborach, w obozie zwycięzców obserwuje się szybką pragmatyzację polityki. Znika radykalizm deklaracji, żądań i obietnic przedwyborczych. W nowym obozie rządowym następuje szybkie odideologizowanie postaw. Zmiana władzy nie jest rewolucją polityczną, ale raczej roszadą personalną;

c – wszędzie obserwuje się kadrową stabilizację elit politycznych. Nabór nowych ludzi do tych elit jest rzadki i sporadyczny. Te same nazwiska ciągle się powtarzają, tyle, że w różnych kontekstach i rolach. Elity tworzą zamknięte wspólnoty i przy wszystkich wewnętrznych różnicach i podziałach mają wspólny, nadrzędny interes: pozostać nadal panującą klasą w społeczeństwie.

Trzeba trzymać się z dala od zawodowych polityków, ponieważ polityk traktuje cię instrumentalnie, jako narzędzie.

Patrząc na ciebie, myśli:

– do czego by go użyć? do czego się nadaje? zrobić go tym a tym? wysłać go tam czy tam? i już jesteś zniewolony, już jesteś ofiarą czyichś ambicji, czyjejś gry, czyjegoś projektu.

Niezależność, przestrzeganie wysokich zasad etycznych – wpływ na to ma także charakter, usposobienie człowieka. Orwell – samotnik, introwertyk, milczek – był niezależny, nie wiązał się z nikim. Natury towarzyskie, słabe, próżne, które potrzebują otoczenia i aplauzu, mają większą skłonność do oportunizmu, do akceptacji choćby i niegodziwego status quo.

Teza Hermanna Brocha: indyferentyzm polityczny jest blisko spokrewniony z indyferentyzmem etycznym.

Słabość etyki: że zatrzymuje się na progu nauki i techniki, które w tym konflikcie, o ile dochodzi do konfliktu, niemal zawsze zwyciężają.

Pragmatyzm. Co to oznacza? Że co chwila należy karty rozdawać od nowa.

Gdzieś przeczytałem (ale gdzie?), że lewicowość i prawicowość to orientacje wrodzone, że z tym człowiek przychodzi na świat i dlatego wśród zamożnych burżujów byli fanatyczni komuniści, jak też – wśród ubogich proletariuszy skrajni prawicowcy.

Obserwujemy w świecie współczesnym wyraźną eskalację ruchów politycznych, społecznych, religijnych bez zaplecza intelektualnego, bez żadnego teoretycznego gruntu. Uczestnicy tych ruchów kierują się emocjami, instynktami, odruchami, fobiami, przesądami itd., brak im natomiast wiedzy, refleksji, racjonalnego programu.

A.B.: Kryzys inteligencji? To raczej koniec pewnej roli, jaką odgrywała ona w naszych społeczeństwach – roli nosicielki doniosłych wartości etycznych, roli warstwy opiniotwórczej, na której głos czekali inni i z którym się zazwyczaj liczyli. To w jej środowisku rodziła się refleksja nad charakterem naszych zbiorowych zachowań, nad sensem naszych działań.

Ale czasy zmieniły się i zmieniło się miejsce inteligencji, a także oczekiwanie wobec niej. Jej znaczenie dzisiaj, jej wartość – to kompetencja, rzeczowość, wiedza. Miejsce kaznodziei zajął specjalista, twórca w jakiejś dziedzinie wiedzy lub sztuki, i właśnie bardziej twórca wytwarzający niż moralizujący.

Osobno jesteśmy mądrzejsi niż w grupie.

Komunizm zwalczał wszelką niezależność. Zachód ją marginalizuje.

Polityka – sztuka wymyślania pozornych spraw, aby odwracać uwagę opinii od problemów rzeczywistych.

Kapitalizm zachodni – to rozwinięta nauka i silne prawo. Kapitalizm ten różni się od wszelkich innych kapitalizmów racjonalną i sprawną organizacją. Wszelkie inne kapitalizmy oparte są nie na organizacji, lecz na improwizacji.

W tej rzeczywistości, w której jesteśmy i którą – wydaje nam się – znamy, cały czas rośnie przyszłość, o której nie wiemy nic.

Warszawa

W PEN-Clubie spotkanie z profesorem uniwersytetu w Beer Sheba Gabrielem Mokedem. Podoba mi się sposób, w jaki odpowiada na pytania. A mianowicie na wszystko odpowiada postmodernistycznie: „zależy kto" albo „zależy co".

Na przykład:

Czy Żydzi w Izraelu znają jidysz?

– Zależy kto. Są tacy, co znają, i tacy, co nie znają.

Czy w Izraelu wiedzą o Levinasie?

– Zależy kto. Są tacy, którzy wiedzą, i tacy, którzy nie wiedzą.

I tak dalej.

I oczywiście ma rację. Jest ostrożny, podkreśla względność wszystkiego, bo w tym rozmnożonym, zwielokrotnionym, pełnym przeciwieństw i sprzeczności świecie ryzykownie i niebezpiecznie jest posuwać wszelkie uogólnienia zbyt daleko.

22.9.96

Spotkałem A.J., która jest socjologiem kultury. Opowiedziałem jej wrażenia z wczorajszych wyborów Miss Polonii. Było 18 finalistek. Na pytanie o zainteresowania większość z nich odpowiedziała: parapsychologia.

Dla mnie było to odkrycie! Nie uroda, powiedziałem A.J., nie figury tych dziewcząt, ale stan ich umysłów był dla mnie rewelacją. Parapsychologia! A więc New Age zrobił takie postępy? Tak zapanował nad młodą generacją? Ale A.J. nie była zdziwiona. Tak, zgodziła się, fascynacja parapsychologią jest wśród młodzieży powszechna. I dodała: wielki problem i wielki temat.

Ze wszystkich istniejących na naszej planecie światów najbardziej niesprawiedliwie jest urządzony świat dzieci. Głośny i zacięty spór toczy się wokół pytania: kto ma prawo (i czy je ma) decydować o narodzinach człowieka. Tymczasem dramatyczna (choć zbywana milczeniem) jest także inna kwestia – gdzie ten człowiek ma przyjść na świat? W jakich warunkach? Pod jakim dachem? Czy w rodzinie zamożnych Amerykanów na Florydzie, czy jako niemowlę głodującej matki w ruinach wioski angolańskiej? Być rozkosznym bobasem raczkującym w ocienionym ogrodzie w Sydney czy grzebać w śmietnikach w Recife – szukając skórki banana?

Dzieci bogatej Australii, Ameryki czy Kanady rodzą się w stworzonym dla nich raju. Dzieci Kambodży, Mozambiku i Boliwii – w czekającym ich piekle. W raju są zabawki, gry, łakocie, misie i myszki Miki, raj stara się, aby dziecko miało wszystko, było zadowolone i klaskało z radości. W piekle jest głód, zimno, świerzb i pluskwy, nie ma domu ani szkoły, trzeba żebrać i kraść, a także często – umierać.

Dwa różne losy przez tych maluchów ani nie stworzone, ani nie wybrane. W jakim momencie zaczyna każdy z nas zdawać sobie sprawę, że życie posadziło go na pluszowej poduszce, albo przeciwnie – zanurzyło po szyję w błocie? I czy w tych ostatnich – odepchniętych i porzuconych, istnieje świadomość krzywdy?

W 1944 roku wałęsaliśmy się – gromada oberwanych dzieci – po uliczkach Otwocka, który już opuścili Niemcy, ale którego jeszcze nie zajęli Rosjanie. Chodziliśmy głodni, bez szansy, żeby coś zdobyć do jedzenia. Niedaleko stacji kolejowej jakiś człowiek prowadził warsztat naprawy rowerów. Codziennie w południe przychodziła tam starsza kobieta. Z koszyka wyjmowała gliniany dzbanuszek, w którym przynosiła gorący gulasz, ćwierć bochenka chleba i butelkę kompotu malinowego. Mężczyzna odkładał narzędzia, szmatą ocierał ręce ze smaru, siadał na progu warsztatu i wstawiał garnuszek między kolana. Pochylał się nad nim i wciągał powietrze.

Zapach gorącego mięsa rozjaśniał jego umorusaną twarz. Wolno, z namysłem, zanurzał aluminiową łyżkę w dymiący garnek, dmuchał na kęsy gulaszu, żuł chleb i popijał z butelki kompot. Staliśmy na ulicy zafascynowani tym widokiem, dość daleko, żeby nas ten człowiek nie przegonił, ale na tyle blisko, żeby woń mięsa, chleba i malin odurzała nas jak narkotyk. Jakieś zwierzę szamotało się w moim wnętrzu, chciało wyskoczyć na zewnątrz, dławiło gardło. Czułem mdłości. Mdłości. Ale żeby mieć poczucie krzywdy? Zazdrościć komuś? Tych uczuć zawiści, wściekłości i porażki nic spotykałem także wśród dzieci, z którymi byłem na frontach wojen w Liberii, w Ugandzie i Somalii.

Jeżdżąc latami z frontu na front w Afryce i Azji, w pewnym momencie uświadomiłem sobie, że wojny współczesne są wojnami dzieci, że na tych wojnach, toczących się w dalekim świecie, walczą i giną przede wszystkim dzieci. Według różnych danych ponad 200 tysięcy dzieci walczy na frontach trwających obecnie 24 konfliktów zbrojnych.

Z wielu przyczyn jest dziś tak dużo dzieci z bronią w ręku. Eksplozja demograficzna ostatnich dziesięcioleci zwiększyła przede wszystkim liczbę najmłodszych: są więc wszędzie łatwo dostępne rezerwy. Jednocześnie wielkie migracje, głód i choroby sprawiły, że wiele tych dzieci utraciło rodziców – pojawiły się tłumy sierot. Wiele z nich szuka ratunku w armii, gdzie mogą dostać coś jeść, a także znaleźć namiastkę rodziny.

Te rzesze sierot znalazły zatrudnienie w krwawym rzemiośle wojny, również dzięki temu, że produkuje się dziś bardzo tanie gatunki lekkiej broni automatycznej (rosyjski AK-47 waży około 4 kg). Dziecko może bez trudu unieść taki pistolet, strzelać i zabijać. Dzieci, zbyt małe jeszcze, aby umieć sądzić i docenić wagę życia, odznaczają się w walkach szczególną beztroską o własne życie i niepohamowanym okrucieństwem wobec innych. Często starsi dowódcy (czasem niewiele starsi, bo kilkunastoletni chłopcy, spotykałem ich koło Monrowii i Maputo) odurzają tych małych żołnierzyków narkotykami wprawiając dziecięce oddziały w najdzikszy szał zabijania. Kilkakrotnie wypadło mi podróżować na front w towarzystwie dzieci-żołnierzy. Choć jechaliśmy na pewną śmierć, zachowywali się wesoło, jakby czekała ich świetna zabawa, gdy ja w tym czasie przeżywałem katusze niepewności i strachu.

Camus: „Świat jest tylko nieznanym pejzażem, w którym moje serce nie znajduje już oparcia".

Zawsze, ilekroć jestem w pokoju sam i jest cicho, i siedzę nad książką, mam wrażenie, więcej – jestem pewien, że, jeżeli uniosę wzrok, zobaczę mysz, która wyszła gdzieś z zakamarka i rozgląda się niepewna, wystraszona, drżąca, nie wiedząc, gdzie się podziać.

Oaza Al-Buraymi

Idąc skrajem tej oazy (w pobliżu Dubaju, w Zjednoczonych Emiratach Arabskich), zobaczyłem, jak wokół
jednego z dużych namiotów kłębi się ruchliwy, rozgo-
rączkowany tłum. Wszyscy starali się wcisnąć do środ-
ka, słychać było podniesione, energiczne głosy, hałaśli-
wy zgiełk. Podszedłem i próbowałem przepchać się
przez rozognioną, spoconą ciżbę. W końcu przedostałem
się do wnętrza. W namiocie panował półmrok, pod niskim, skórzanym dachem powietrze było tak gęste i
ciężkie, że nie miałem czym oddychać. Tłoczyli się tu
mężczyźni w białych galabijach, wszczynali dziki har-
mider, kłócili się, gestykulowali, wygrażali pięściami,
krzyczeli, aż na szyje wychodziły im żyły, oczy podbie-
gały krwią.

Na środku namiotu stała strwożona, chuda koza. Roz-
glądała się niespokojnie, jakby tu uciec, ale ucieczka nie
była możliwa: jakiś chłopak trzymał ją krótko na sznur-
ku, który ciasno oplatał jej szyję. Arabowie skubali
kozę, aby ustalić, ile ma tłuszczu, podnosili ją za ogon,
aby ustalić, ile waży. Cały czas targowali się o cenę.
Chodziło o sumę rzędu 30 dolarów. Patrzyłem na ich

twarze. Ileż było w nich namiętności, ile determinacji, ile furii! Świat zaczynał się i kończył na tej kozie, koza była wszystkim.

Wyszedłem na zewnątrz. Wokół była pustynia. Pokrywała ją siatka rurociągów, którymi płynęła ropa wartości milionów i milionów dolarów. Ale nikt z tych ludzi w namiocie nie myślał o tym. Rurociągi i ropa były abstrakcją należącą do innego świata. Ich światem był namiot, pustynia i koza. Bez kozy koczownik nie może ruszyć w drogę, ponieważ zwierzę to niesie w sobie mleko, a mleko gasi pragnienie, daje życie.

Pisarz niemiecki – Hans Christoph Buch – mówi mi z żalem o swoich ziomkach: „Niemcy nie interesują się Afryką". Ale tu chodzi o coś innego i coś więcej: to zamożni świata nie interesują się tymi, którzy żyją poniżej nich, którzy są biedni. Bogaci nie chcą o nich słyszeć, ponieważ to zatruwałoby im rozkosze konsumpcji, skłaniało do zastanowienia się nad nieprawidłowością świata. Media wbiły ludziom do głowy myśl, że ciekawa historia to historia sukcesu. Nie ma historii porażek, biografii ludzi przegranych, seriali telewizyjnych o klęsce. Przemilczamy nasze niepowodzenia, nawet w teatrach tragizm został wyparty przez ironię i groteskę. Miejsce gestu tragicznego zajął grymas błazna. Tylko sukces się liczy, tylko o nim warto mówić.

Jeszcze dwadzieścia, trzydzieści lat temu wiele krajów dążyło do niezależności. Kraje te starały się wyzwolić z wielkich globalnych struktur. Dzisiaj tendencja dominująca jest inna: dzisiaj chodzi o to, aby być przyjętym do większych globalnych struktur i czerpać z tego tytułu korzyści. Słowem ewolucja drugiej połowy dwudziestego wieku przebiega od walki o niezależność do zabiegów o dobrowolną zależność.

Bieda jest asolidarna. Dla przykładu – nie powstał etos Trzeciego Świata, patriotyzm Trzeciego Świata. Intelektualiści Trzeciego Świata tak pełni są kompleksów, przeczuleń i lęków, że trudno im sformułować swoje pozytywne opinie, teorie i programy. W rezultacie nie uczestniczą oni w debacie nad losem naszej planety i jej przyszłości – a przecież ich głos byłby tak fundamentalnie ważny.

Eksplozja demograficzna, obawa przeludnienia, jakie to stare lęki i groźby! „W wieku IV p.n.e. – pisze Lidia Winniczuk w książce *Ludzie, zwyczaje, obyczaje starożytnej Grecji i Rzymu* (PWN, 1983) – problem przeludnienia staje się niepokojący. Około roku 330 p.n.e., według wiadomości przekazanej przez historyka Polibiusza, Grecy zdecydowali się wychowywać jedno, a najwyżej dwoje dzieci." Jeżeli urodziło się więcej dzieci, „wyrzucano je po prostu na śmietnik, co na ogół równało się wyrokowi śmierci". Autorka cytuje list pewnego Greka – Hilariona do żony – Alis (I wiek p.n.e.): „Kiedy szczęśliwie urodzisz, jeżeli to będzie chłopiec – zostaw go przy życiu, jeżeli dziewczynka – wyrzuć".

Koniec trwającej przez całą drugą połowę XX wieku konfrontacji między Wschodem a Zachodem odsłonił nowy front konfliktu, który będzie charakteryzował świat w wieku XXI. W uproszczeniu nazywa się go Północ–Południe, ale można mówić inaczej: bogaci i biedni.

Następuje druga zmiana – w miejsce społeczeństwa masowego, które istniało w pierwszej połowie tego wieku i ograniczało się właściwie do krajów rozwiniętych, rodzi się dziś – na skutek dekolonizacji, a równocześnie na skutek ogromnego rozwoju komunikacji globalnej – „społeczeństwo planetarne". Towarzyszące jego powstawaniu szkoły myślowe zakładały, że w wyniku dekolonizacji niejako automatycznie będzie następował rozwój ekonomiczny. Dopiero w latach siedemdziesiątych zaczęto patrzeć trzeźwiej i na pierwszej rzymskiej konferencji FAO w roku 1974 pojawiły się alarmujące raporty.

Dziś już nikt nie ma złudzeń: żyjemy w świecie bardzo niesprawiedliwie podzielonym. Jedna trzecia ludzkości żyje w dostatku, a dwie trzecie – w ubóstwie. Ten rozziew się powiększa, bo wiadomo, że w społeczeństwach ubogich przyrost naturalny jest bardzo wysoki. Zamożne społeczeństwo Europy Zachodniej jest bez porównania starsze od społeczeństw Afryki i Azji, gdzie blisko 50 proc. ludności nie ma jeszcze 15 lat – to zwiększa dramatyzm sytuacji, bo ci młodzi ludzie nie widzą dla siebie żadnych perspektyw. I nic nie wskazuje na to, by coś mogło się zmienić. Tym bardziej że w środkach masowego przekazu widać w ostatnich latach bardzo poważną próbę zmarginalizowania problemu. Media znajdują się w rękach bogatych, którzy nie są zainteresowani dalszym pogłębianiem nowego, bardzo ważnego zjawiska – budzenia się ś w i a d o m o ś c i ubóstwa.

Światowe media stosują trzy metody manipulacji. Po pierwsze wiadomo, że obszary nędzy to obszary tzw. Trzeciego Świata. Ale mówi się, że w Trzecim Świecie są przecież „azjatyckie tygrysy", Singapur czy Tajwan. Ignoruje się fakt, że w skali już tylko samej Azji ludność tych krajów to zaledwie jeden procent populacji.

Drugą manipulacją jest ograniczanie problemu wyłącznie do głodu. A to bardzo istotna różnica: nie wszyscy ludzie, którzy żyją w ubóstwie, są permanentnie głodni. Sprowadzając problem wszystkich biednych do problemu głodu, pomniejsza się zjawisko niesprawiedliwego podziału świata. Mówi się więc, że ludzi, którzy głodują, jest ok. 800 milionów, natomiast ludność planety dochodzi do 6 miliardów. W rzeczywistości w ubóstwie żyją dwie trzecie ludzkości, tj. około czterech miliardów.

Trzecia manipulacja, najpoważniejsza z punktu widzenia etyki, sprowadza problem głodujących wyłącznie do kwestii wyżywienia. Ostatni numer „The Economist", pisma wyrażającego właśnie poglądy bogatych, nosi bardzo charakterystyczny tytuł: „Jak wykarmić świat". Taka postawa redukuje jednostkę wyłącznie do jej systemu trawiennego. Żeby uspokoić sumienie, tworzy się specjalne komórki organizacji międzynarodowych, których celem jest zaopatrzenie głodujących w jakąś podstawową żywność. Mamy organizacje, mamy fundusze i transport, można więc tu i tam dostarczyć trochę ryżu i kukurydzy.

Nie mówi się przy tej okazji ani o korupcji, towarzyszącej często pomocy humanitarnej, ani o tym, że tego typu traktowanie problemu straszliwie degraduje, wręcz pozbawia pełnego człowieczeństwa ludzi, którym ponoć chcemy pomóc. Ubóstwo nie jest problemem tylko wyżywienia, głód, o którym się mówi i który chce się ograniczyć przez podesłanie tu i ówdzie żywności, to jest tylko szczyt góry lodowej. Za pojęciem „głód" kryją się straszne warunki życia i mieszkania, choroby, analfabetyzm, agresja, rozbicie rodzin, rozluźnienie więzi społecznych, brak przyszłości i nieprodukcyjność. Człowiek raz przyzwyczajony do otrzymywania pomocy (zresztą niewystarczającej), nawet w tych spektakularnych, organizowanych na użytek mediów akcjach, do końca życia będzie już na garnku instytucji międzynarodowych. Widziałem wiele obozów dla uchodźców – to, co pokazuje nam telewizja, te masy ludzkie otrzymujące gdzieś pomoc, nie oddaje istoty sprawy – a mianowicie, że w obozach tych miliony ludzi są bezproduktywne, bo odcięto je i pozbawiono warsztatu pracy. Pamiętajmy, że to się dzieje głównie w tropikach, gdzie jeżeli ziemię przestanie się uprawiać choć na krótko, to ona zniszczeje. A przecież na ekranie telewizora widać, że ci ludzie – przeważnie chłopi – nie mają ze sobą ani bydła, ani narzędzi, nawet motyki. Mają tylko maty, na których śpią. I będą żyć tak długo, jak długo będą otrzymywać pomoc międzynarodową. To jest problem dużo poważniejszy: głód, przy dobrej woli i przy obecnym stanie techniki, możemy ograniczyć. A nędzę?

Trzeba pamiętać o tym, że z biedą i głodem wiąże się poczucie wstydu. Człowiek biedny często po prostu wstydzi się, czuje się poniżony, a w wielu kulturach bieda jest traktowana jako grzech. I tu dochodzimy do problemu, który amerykański antropolog Oscar Lewis nazywa kulturą ubóstwa. Za biedą i głodem kryje się cała kultura, cała forma negatywnej, destruktywnej egzystencji. Człowiek, który od pokoleń żyje w kulturze ubóstwa, nie jest już zdolny funkcjonować w innych warunkach. John Galbraith, autor wybitnej książki o zjawisku masowej nędzy, rozróżniał dwa rodzaje ubóstwa: patologiczne, obejmujące ludzi, którym nie powiodło się w zamożnych społeczeństwach, wykolejonych i bezdomnych, oraz ubóstwo masowe, które dotyczy właśnie całych społeczeństw Trzeciego Świata.

To Galbraith powiedział, że ubóstwo jest największym i najpowszechniejszym nieszczęściem człowieka. I to słowo „nieszczęście" przesuwa całą naszą refleksję z płaszczyzny techniczno-budżetowej Narodów Zjednoczonych w stronę tego, co Jaspers nazywa planetarną solidarnością. To Jaspers powiedział, że jesteśmy odpowiedzialni przez to, że w ogóle istniejemy. Media chcą z nas zrzucić tę odpowiedzialność i przerzucić wszystko na technikę i budżet.

Jesteśmy w momencie bardzo trudnym, bo w dalszym ciągu rośnie różnica między biednymi a bogatymi. W społeczeństwach zamożnych następuje rozmywanie klasy średniej i odchodzenie od formuły państwa opiekuńczego. A w skali planety kraje rozwinięte są coraz zamożniejsze, podczas gdy kraje ubogie – coraz uboższe. W Manili jest Instytut Doskonalenia Upraw Ryżu, w którym pracuje się nad odmianami znacznie zwiększającymi wydajność plonów. Otóż temu Instytutowi tak okrojono środki, że w tej chwili jego personel jest o jedną trzecią mniej liczny niż dawniej. Równocześnie ogromne pieniądze przeznacza się na badania, które przyczyniają się do zwiększenia kontroli bogatych nad światem, np. na systemy telekomunikacji, cyberprzestrzeni itd., także na konstruowanie coraz bardziej luksusowych samochodów. Świat robi się światem dla bogatych, bogaci chcą zawłaszczyć planetę wyłącznie dla siebie.

Mamy dzisiaj do czynienia z nowym zjawiskiem socjologicznym w skali planetarnej (dlatego mówię: „w skali planetarnej", że tak to określa socjologia amerykańska) – global outerclass, czyli z klasą społecznie wyłączoną. U nas się tego nie rozumie. Dawniej często się mówiło: „chciałbym być takim bezrobotnym jak we Francji czy w Niemczech", bo tam bezrobotni dostawali ogromny zasiłek. Tymczasem przy obecnym postępie technicznym człowiek, który traci pracę, nigdy jej nie

odzyska, bo za rok jego zakład będzie już zbyt nowoczesny, jak na jego umiejętności. Na zachodzie Europy już
dziś mówi się, że każdy powinien się uczyć dwu zawodów: w momencie, w którym wypadnie z jednego, może
jeszcze próbować w innym. Poza tym w całym świecie
trwa proces, który w Ameryce nazywa się downsiding,
cięcia – redukcja etatów i stanowisk, ba, całych zakła-
dów pracy, firm, instytucji. Nad każdym wisi topór: jutro w naszym zakładzie będą redukcje i ja mogę być
pierwszy na liście. Dochodzi do tego, że ludzie boją się
iść na urlop, bo dobry pracownik nigdy nie wypoczywa.
Urlopowiczów komputer zwalnia w pierwszej kolejności.

Ostatnio we Francji ukazała się bardzo ważna książka. Jej autor – Jeremy Rifkin – dał jej znamienny tytuł:
La Fin du Travail. Jej główna teza: „Praca stała, zapew-
niona, gwarantowana i dobrze płatna dla wszystkich –
skończyła się na zawsze.

Musisz pamiętać, że dziś pracujesz, ale jutro znaj-
dziesz się na ulicy. Licz tylko na własne podnoszenie
kwalifikacji w coraz to nowych dziedzinach. Tylko twój
poziom kulturalny decyduje o twojej przyszłości, tylko
twoje zdolności".

Doświadczenie drugiej połowy XX wieku pokazało,
że jeżeli jakiś kraj jest ubogi, to będzie ubogi do czasu,
aż znajdzie zastrzyk kapitału z zewnątrz. Czyli jakiekol-
wiek wyjście z sytuacji musi zakładać międzynarodowe
uczestnictwo – tak było w przypadku wspomnianych
wcześniej azjatyckich tygrysów, gdzie ogromny napływ
kapitału zagranicznego pozwolił rozwinąć się gospodar-
kom małych państw. Dziś światowy rynek ma mniej kapitału, niż potrzeba w skali planety. Kapitału jest niewiele, wobec tego – co z natury kapitału wynika – kieruje
się on tylko tam, gdzie może dać natychmiastowe zyski.

Im kraj biedniejszy, tym mniej ma szans na dotację i skazany jest właściwie na biedę permanentną.

Inną cechą charakterystyczną zjawiska ubóstwa jest konflikt między mieszkańcami miasta i wsi. Rolnictwo w krajach Trzeciego Świata jest biedne, bo państwo, rządzone przez biurokrację, faworyzuje warstwę miejską i obniża ceny produktów rolnych tak, że chłopu często nie opłaca się produkować żywności i sam emigruje do miasta. Stąd biorą się megamiasta biedoty, ale nawet w nich, w ich slumsach, życie jest lepsze niż na wsi.

Kiedy jestem we wsi afrykańskiej, zawsze myślę o tym, by dostać się do miasta. Wtedy uświadamiam sobie mechanizmy życia w kulturze ubóstwa. Głód to tylko część tej strasznej egzystencji, resztą jest koszmar spania na glinianej podłodze, pluskwy i pasożyty, ciągły brak wody, a może przede wszystkim – ciemność. W tropiku słońce zachodzi o szóstej wieczór. I do szóstej rano żyje się w kompletnej ciemności. Chińska latarka kosztuje dolara, ale we wsi, w której ostatnio mieszkałem w Senegalu, nikt nie ma jednego dolara, żeby ją sobie kupić. W mieście, nawet w tych strasznych slumsach, jest prąd, a w związku z tym jest światło i jakaś muzyka z radia – więc jakaś rozrywka. Ludzie się tam garną i od razu mamy paradoksalny konflikt: wczorajszy chłop staje się wrogiem ziomków ze swojej własnej wsi. To są cechy typowe dla kultury ubóstwa, która wewnątrz siebie wytwarza źródła napięć, agresji i sprzeczności interesów: społeczeństwa ubogie nie są zdolne do żadnej zorganizowanej formy działania, ponieważ są zatomizowane i targane konfliktami wewnętrznymi.

Społeczeństwa zamieszkujące naszą planetę żyją w dwóch kontrastowo różnych kulturach: w kulturze konsumeryzmu – a więc luksusu, obfitości, nadmiaru, oraz/albo w kulturze ubóstwa, tj. niedostatku wszyst-

kiego, lęku o jutro, pustego żołądka, braku szans i perspektyw.

Granica między tymi dwiema kulturami, tak widoczna-
na, kiedy podróżuje się po naszym globie, jest pełna napięć, niechęci, wrogości. To najważniejsza i najbardziej
dramatyczna granica dzieląca dziś planetę.

Nie ma żadnych prostych i idealnych rozwiązań. Do-
raźnym, częściowym wyjściem byłoby chociażby rozwi-
nięcie technologii odsalania i uzdatniania do picia wód
mórz i oceanów (bo społeczeństwa krajów słabo rozwiniętych cierpią na brak wody), a po drugie np. ratowanie
lasów systematycznie grabionej z drzewa planety. Dziś
dżungle Ameryki Południowej i Afryki są wycinane i
przez wielkie firmy zagraniczne, i przez miejscową ludność, dla której węgiel drzewny to jedyny dostępny opał.
Widać tu, jak nierówno gospodaruje się światowymi bo-
gactwami: likwiduje się kopalnie, mimo że na świecie
jest deficyt węgla. W krajach biednych brakuje nafty do
lamp, mimo iż nafta jest jednym z najtańszych produktów, jakie można wymyślić. I nikt nie myśli o tym w skali globalnej. To szokujące – opisywałem w jednym z reportaży, że w krajach Trzeciego Świata zanika oświata,
bo dzieci nie stać na kupno ołówka kulkowego, który
kosztuje 5 centów. W Afryce ciągle spotykałem dzieci,
które błagały nie o chleb, wodę, czekoladę czy zabawki,
ale o kulkowy ołówek, bo one idą do szkoły i nie mają
czym pisać.

To są przykłady na to, że nie chodzi tylko o kapitał,
ale przede wszystkim o brak woli i zainteresowania.
Świat rozwinięty otacza się kordonem sanitarnym obo-
jętności, buduje globalny berliński mur, bo postrzega
Trzeci Świat jako świat barbarzyństwa – informacje
stamtąd dotyczą tylko wojen, mordów, narkotyków i

kradzieży, chorób zakaźnych, uchodźców i głodu, a więc czegoś, co nam zagraża.

Problem masowego ubóstwa powinien być postrzegany dwojako, nie tylko jak „dać", choć nawet i tu niewiele się robi. Jeżeli zgodzimy się, że wszyscy ludzie na świecie, niezależnie od geografii, historii, klimatu i kultury, powinni żyć godnie, to musimy zastanawiać się, jak zmieniać mentalność ludzi wychowanych w kulturze ubóstwa, która, niestety, stwarza ogromne mechanizmy przystosowania, otępienia i nieufności. Te społeczeństwa niechętnie przyjmują innowacje – jeśli mam 100 dolarów i podejmuję ryzyko zainwestowania 10 dolarów, mogę śmiało to robić, bo nawet gdy stracę, to i tak zostanie mi 90. Ale jak mam 10 dolarów i mam je zainwestować, to gdy je stracę – stracę życie. Przełamywanie tej postawy u jednostek może być łatwe; w skali społecznej jest zawsze ogromnie trudne.

Trzeci Świat jest fenomenem nowym, powstał w zasadzie po drugiej wojnie światowej. Jego pierwsza próba samoorganizacji – ruch państw niezaangażowanych zakończyła się niepowodzeniem. Musimy więc czekać, aż narodzi się tam jakaś nowa koncepcja, zmierzająca i do większej samodzielności, i do wyartykułowania własnej wizji rozwoju. Nie wymyślimy tego za nich – w samym Trzecim Świecie musi powstać generacja intelektualistów i polityków, podobna do tej, która dała mu samodzielność polityczną. Generacja ta musi przestać kopiować wzorce kultury bogatych i zacząć dążyć do wyrównania niesprawiedliwego rozłożenia bogactw. Nie metodami rewolucyjnymi – dzisiaj, na szczęście, w skali globalnej nikt nie dąży do krwawej rewolucji. Ewolucja myśli i zachowań ludzkich nie idzie w kierunku rewindykacji agresywnej. Natomiast może tu dojść – tak jest dziś np. w Chinach – do dalszego rozbudzania ambicji nacjonalistycznych, uświadamiania sobie swoich interesów i swojego miejsca na planecie.

Wartość majątku, jaki posiada dzisiaj 358 najbogatszych na świecie ludzi, równa się sumie rocznych dochodów uboższych 45 procent mieszkańców świata (jest ich 2 miliardy 300 milionów ludzi).

Ujemną stroną wszelkiej pomocy dla krajów Trzeciego Świata jest to, że pomoc ta niczego tam na miejscu nie zmienia. Nie pobudza społeczeństw-odbiorców do działania, nie wyzwala w nich energii i inicjatywy, nie jest zaczynem rozwoju i zmiany.

Po raz n-ty w swoich dziejach ludzkość znalazła się w punkcie zwrotnym. Mamy nagromadzony ogrom informacji na temat biedy, a nie potrafimy użyć tej informacji do działań pozytywnych. Wiemy, skąd się bieda bierze, co sprawia, że jest stanem tak powszechnym, a nie możemy nic zrobić, aby ją ograniczyć i w końcu usunąć.

Społeczeństwa tradycyjne charakteryzują się szczególnie złożoną, skomplikowaną strukturą. Ich organizmy kształtowały się wiekami, nawarstwiały się, kumulowały, tworząc w rezultacie takie właśnie zróżnicowane, kubistyczne byty. „Niech pan pomyśli, mówił Javaharlal Nehru do Tibora Mendego, że w latach czterdziestych istniało w Indiach ponad pięćset państewek mniej lub

więcej autonomicznych, które uważano za niepodległe."
(Tibor Mende – *Rozmowy z Nehru*, KiW, 1957).

Sen:
wędruję przez Afrykę. Pewnego dnia, pośród tej
uciążliwej i długiej podróży trafiam na zagubioną w
pustkowiach, w buszu, samotną wioskę. W wiosce są
same Rosjanki. Przyjechały tu kilka lat temu z mężami,
którzy studiowali w Moskwie na Uniwersytecie Lu-
mumby. Ale tu, w tej części kontynentu wybuchła wojna, oni wszyscy poszli na tę wojnę i nikt z nich nie wró-
cił. Rosjanki zostały same, nawet dobrze nie wiedzą,
gdzie są.

W TV Euronews reportaż z Trójkąta Narkotykowego
(Myamar, Kambodża, Laos). Jeden z władców, wodzów,
faktycznych właścicieli, dyktatorów tego obszaru to
Myamarczyk – Khun Sa. Ma własną armię, pałace, nie-
skończone bogactwo. To typowy dziś (na przykład Somalia, Liberia) – warlord, kacyk, watażka.
(Patrz – książka Rufina o *Nowych barbarzyńcach*,
którzy stopniowo opanowują terra incognita, czerpią zyski z pomocy międzynarodowej i stają się władcami
trudno dostępnych obszarów świata.)

Wojny mają dziś charakter lokalny w podwójnym sensie: toczą się na ograniczonym terytorium, najczęściej
wewnątrz jednego kraju, i po drugie – niczego nie zmieniają w porządku świata.

Toronto
Z Dianą Kuprel i Markiem Kusibą w bibliotece uni-
wersyteckiej (Robarts Library). Ogromne, jasne sale,

książki w zasięgu ręki, rzędy komputerów. Ale nie to zwróciło moją uwagę. Uderzył mnie wygląd tłumu studenckiego. Toronto? Ależ jestem raczej w Pekinie czy w Seulu, w Tokio, w Singapurze, w Kuala Lumpur. Gdzieniegdzie przemykał się jakiś Europejczyk, jeszcze rzadziej – Afro-Kanadyjczyk. Azja opanowała wyższe uczelnie Nowego Świata, w ciągu dwóch, trzech pokoleń nauka stanie się tam domeną ludzi pochodzących z Hongkongu, Szanghaju, Jokohamy, Manili i Bangkoku.

Trzeci Świat bierze odwet za lata marginalizacji, upokorzeń, przymusowej drugorzędności. Ale ten odwet nie ma formy zbrojnego ataku, buńczucznej inwazji, krwawej zemsty. Spokojnie, pracowicie i metodycznie przejmuje on dziedzinę, która coraz bardziej będzie rządzić przyszłością świata – naukę.

Jedni uważają, że przyszłe stulecie będzie wiekiem Ameryki. Inni – że wiekiem Azji. I jedni, i drudzy zgadzają się, że nie będzie to już wiek Europy.

Brześć, 1996

Rano 30 lipca pojechałem pociągiem z Pińska do Brześcia. Odległość 180 kilometrów pociąg pokonuje w trzy i pół godziny: trochę ponad 50 kilometrów na godzinę.

W przeddzień wyjazdu nawet cieszyłem się z tego powolnego tempa, ponieważ chciałem jeszcze raz obejrzeć krajobrazy mojego Polesia, niestety, okazało się to niemożliwe: szyby były tak zalepione brudem i błotem, że nie widziało się nic. Było to błoto stare, zaskorupiałe, nałożone na siebie warstwami, tak jak to widać na przekrojach geologicznych, błoto, chciałoby się powiedzieć – wieczne. Otworzyć okien też nie było można, bo są one zamknięte na amen, raz na zawsze. Z powodu tych zaklajstrowanych szyb w wagonie panował półmrok, panowało zaciemnienie, mimo że na zewnątrz świeciło słońce. Nie można było również wyjść, kiedy pociąg stał na stacji – wyjść mogli tylko ci, którzy wysiadali już na dobre, którzy kończyli jazdę. Ci, którzy jechali dalej, musieli siedzieć na miejscu. System polega na tym, że w wagonie otwierają się tylko jedne drzwi, których pilnuje konduktorka (ile wagonów – tyle konduktorek: 20 wagonów – 20 konduktorek). Są to na ogół młode dziewczyny o silnym poczuciu władzy – wiedzą, ile od nich zależy: chcą – wpuszczą, nie chcą – nie wpuszczą. Krzyczą, wydają rozkazy, grożą. Pasażerowie są posłuszni, potulni, nawet zadowoleni – cieszą się, że w ogóle jadą.

Tymczasem wyjść z wagonu bodaj na chwilę, bodaj na minutę wydaje się deską ratunku, zbawieniem. W wagonie bowiem panuje dławiący zaduch. Nie sposób opisać jego przygniatającej konsystencji. Pachną skarpetki, koszule, kiecki i zapaski, pachy i nogi, coś w tych koszykach pachnie, coś w tych ceratowych torbach, coś idzie od podłogi i ścian, jakaś woń nieokreślona, kwaśnomdła, gorzkosłodka, wszechobecna, uporczywa, stale atakująca, kneblująca. Nie wiadomo, jak oddychać – płytko, to człowiek się dusi, ale głęboko – też się dusi, z tym że przy oddychaniu płytkim uduszenie jest czyste, własne, ekologicznie nieskażone, natomiast przy głębokim – jest naładowane odorem, lepkie, zatykające, jakby kto spoconą pięść pchał komuś do gardła.

W drodze między stacjami, kiedy pociąg toczy się przez bezkresne równiny Białorusi, konduktorki zajmują się makijażem. Każda ma swój osobny przedział, a w przedziale – lusterko. Kiedy dojeżdżamy do Brześcia, są już tak uroczyście eleganckie, jakby za chwilę miała zacząć się na stacji rewia mody.

W Brześciu przy kasach tłum napiera na okienka. Napiera, ale milczy. Jeżeli ktoś zacznie krzyczeć, a z powodu braku władzy nie jest do tego uprawniony (a przecież zwykły pasażer nie ma władzy), przechodzący milicjanci wyrzucą go z kolejki. Napieranie odbywa się więc w ciszy, co najwyżej słychać sapania albo pojękiwania tych, którym nie udało się dostać biletu.

Ja też przystępuję do napierania. Udało mi się, pytając na lewo i prawo, ustalić, gdzie jest kasa linii międzynarodowych. Tam napierają ci, którzy mają pozwolenie wyjazdu na Zachód. Oni też napierają, owszem, ale jest to tłum jak gdyby wyższego rzędu. To już są Nowi Białorusini, klasowi bracia Nowych Rosjan. Tu już się i modny garnitur zobaczy, tu poczuje zapach francuskich perfum. Nawet samo napieranie cechuje już większa ogłada. Bo z jednej strony wiedzą, że bez napierania nie dostaną biletu, ale z drugiej mają przecież świadomość, że zachowanie takie jakież jest nieeleganckie, niekulturalne.

Na kilkunastu centymetrach przedzielonych okienkiem kasy biletowej odbywa się pasjonująca konfrontacja, nieprzerwane starcie dwóch cywilizacji. Po jednej stronie okienka powiew wielkiego świata – wytworni pasażerowie sypią nazwami: do Brukseli, do Paryża, do Akwizgranu, do Hamburga. I wyjmują pliki dolarów, franków, marek i guldenów. Po drugiej stronie siedzi samotna kobieta (jest tylko jedna kasjerka na ten tłum ludzi) i starym długopisem wypisuje pracowicie duże, zawierające wiele rubryk bilety. A potem zaczyna mozolnie i ostrożnie przeliczać te waluty na ruble białoruskie. Trwa to i trwa bez końca. Nic nie można zrobić, nic poprawić, nic przyspieszyć. Przedzielone małymi okienkami dwa światy stoją naprzeciw siebie, dwie kultury, dwie miary czasu.

W tej konfrontacji między światem Brześcia a światem Paryża i Brukseli Brześć raz po raz triumfuje. Po pierwsze, Brześć nie dajc się wodzić za nos i nie pozwala, żeby go poganiano. Brześć ma swój czas i według niego wszystko ma się tu odbywać. Po drugie, Brześć kpi sobie z naiwnej i aroganckiej teorii Zachodu – że pieniądz może wszystko. Tu choćbyś potrząsał wachlarzem dolarów, kasjerka nie sprzeda biletu: miejsc nie ma, ogłasza, i zatrzaskuje okienko.

Na szczęście miałem bilet powrotny i chodziło o jego potwierdzenie. Teraz zacząłem rozglądać się za odprawą celną, ponieważ ta odprawa odbywa się w Brześciu na stacji, a nie w pociągu. Na pytanie o urząd celny różni ludzie udzielali mi różnych odpowiedzi, ale w końcu, po nitce do kłębka – trafiłem. Znalazłem się w dużej, mrocznej sali, której środek zajmowały stanowiska celników: stoły, a na stołach aparaty do prześwietlania bagaży – wszystkie nieczynne, bo nie było światła. Dworzec w Brześciu został kiedyś zbudowany w stylu stalinowskiej architektury pokazowej (brama wjazdowa do Związku Radzieckiego) – blichtr, pompa, złocenia, marmury. Ale wszystko to przeszłość. Tynki odpadają, odrzwia nie chcą się zamknąć, żyrandole połamane, poskręcane, ślepe.

W głębi tej wielgachnej hali siedział za biurkiem jakiś celnik i czytał gazetę. Podszedłem spytać, czy można się odprawić. Wymieniłem numer pociągu i kierunek jazdy. Czytał, nie podniósł oczu, nie odpowiedział. Obok siedział drugi celnik, więc chciałem zwrócić się do niego, ale ten siedział ze wzrokiem utkwionym w drugą stronę, zastygły, jakby nierealny, nieruchomy, patrzył gdzieś nieruchomo. Stałem, sytuacja robiła się głupia, gdyż mimo że ponowiłem pytanie, ten, co czytał – czytał dalej, a ten nieruchomy nadal wpatrywał się gdzieś nieruchomo, obaj skrajnie autystyczni, zamknięci gdzieś w swoim głuchym, niedostępnym świecie. Postanowiłem się wycofać, ale wycofać tylko częściowo, bałem się zejść im z oczu zupełnie, bo to mogło wzbudzić podejrzenie – jeżeli wyszedł, to po co wchodził, pewnie myślał, że uda mu się prześlizgnąć, tak bez niczego, do pociągu! Wiedziałem przecież, że głowy tych celników pracują inaczej niż moja, więc teraz starałem się, nie bez wysiłku, iść tropem ich chytrego i podejrzliwego myślenia. A ponieważ fundamentem tego myślenia jest założenie o złych, przestępczych intencjach każdego podróżnego, było jasne, że i we mnie widzą kogoś, kto próbuje ich oszukać, a w czym i jak oszukać, o, na to może być już sto przeróżnych odpowiedzi. Stałem więc na środku sali, oddalony już od celników, ale jednak bojąc się wyjść na zewnątrz, a atmosfera wokół mnie gęstniała coraz bardziej, mimo że pozornie nic się nie działo – jeden celnik czytał, drugi patrzył gdzieś nieruchomo, cisza była zupełna, mimo że dworzec, nie dochodziły tu żadne odgłosy.

Dopiero po jakiejś chwili wszedł drugi pasażer i od razu poczułem się raźniej. Stosunek był teraz dwóch na dwóch: dwóch strażników prawa na dwóch potencjalnych naruszycieli. Ten drugi pasażer zaczął wypełniać deklarację celną. Poszedłem w jego ślady. Pojawili się nowi pasażerowie. Staliśmy czekając, co będzie dalej.

Może po godzinie ci moi celnicy gdzieś zniknęli, a zamiast nich zobaczyłem dwóch nowych. Ci zasiedli za stołami i zaczęła się odprawa. Wpatrywałem się zafascynowany, bo rzadko już można obejrzeć takie rzeczy na świecie. Stojący przede mną w kolejce mężczyzna jechał do Berlina. Celnik kazał mu wyjąć wszystkie pieniądze na stół i ułożyć w kupki – tu dolary, tu liry, tu pesety – tu marki. Zaczął liczyć, coś się nie zgadzało, zaczął liczyć od nowa. Znowu nie zgadzało się. Kazał pasażerowi podać portfel. Portfel był zniszczony, miał mnóstwo zakamarków. To właśnie wzbudziło podejrzenie: po co tyle tych kieszonek, zaszywek? Zaczęło się badanie portfela. W tej kieszonce – nic. A w tej? Też nic. Hmm. Ale coś się nie zgadza. Liczymy od nowa! Dolary, liry, pesety, marki. W końcu skarcony, zrugany pasażer może iść dalej. Następny. Znowu się nie zgadza. Znowu liczenie, przeliczanie, buszowanie w portfelu. Właściwie u wszystkich jakieś błędy, uchybienia, pomyłki, nieścisłości, przeoczenia, niedoróbki. Wszystkim trzeba stawiać pytania, wychwytywać sprzeczności w odpowiedziach, znowu pytać, kiwać głową z niedowierzaniem.

Ale to nie koniec. Bo przepytani, przeliczeni, celnie zatwierdzeni, musimy jeszcze przejść kontrolę paszportową. W tym celu kierują nas do nowej sali. Nowa sala – nowe czekanie. Władza, żeby objawić swój pełny autorytet, potrzebuje dystansu czasu. Im wyższa władza, tym dłuższe czekanie. A poza tym, jak mawiają śledczy, czekanie zmiękcza. Czekam może kwadrans, może pół godziny. Są! Strażnicy granicy wchodzą do swoich budek i badają paszporty. Znowu pytania, znowu: a gdzie, a co, kiwania głową ni to na znak niedowierzania, ni to – aprobaty. Ale w końcu mamy stempel w paszporcie i możemy pędzić do pociągu, który już od dawna czeka na nas na peronie.

Możemy? Nie możemy? Bo oto zatrzymuje nas żołnierz i każe czekać. Nie tak, żeby każdy stanął i czekał
gdzie chce, nie – trzeba czekać w zwartej gromadzie.
Żołnierz jest poważny i z uwagą pilnuje, żeby gromada
miała zwarty, akuratny kształt. Ktoś próbował stanąć na
boku, został zrugany – stój w gromadzie. Musimy pomóc żołnierzowi. Dostał rozkaz – mieć wszystkich na
oku, stale ich liczyć. Ludzie rwą się do pociągu, który
jest tuż obok. Cieknie im ślina, ale – nie. Czekać, stać w
gromadzie, aż przyjdzie rozkaz. Wszyscy stoją niby spokojnie, ale jednak w duchu niepewni. Wszyscy wiedzą,
że choć inny świat jest już blisko, całą ich wyprawę
można w każdej chwili cofnąć do punktu zerowego: a to
stempel gdzieś źle przystawiony, a to pieniądze warto by
jeszcze raz przeliczyć. Dlatego napięcie w gromadzie
rośnie. Przez gromadę idzie prąd elektryczny, który
wprawia ją w stan skrywanego drżenia.
    Wreszcie żołnierz cofa się – droga otwarta! Gromada
rzuca się do pociągu.

    Jedziemy przez most, w dole leniwa rzeka, łachy pia-
sku, wysokie szuwary. W sąsiednim przedziale grupa
młodych Rosjan jedzie do Pragi na festiwal piosenki.
Jeden z nich gra na harmonii, wszyscy śpiewają. Śpiewają „Jabłoczko" i „Kalinę", śpiewają „Czornuju nocz"
i „Wziawby ja banduru", śpiewają „Dnipr, ty Dnipr
szyrokyj" i „Nie zabudź mienia". W pewnej chwili ktoś
zaczyna „Artilerysty, Stalin dał prikaz". Wybucha
śmiech, a potem w przedziale zapada cisza.
    Artilerysty...

11.9.96

O siódmej rano padał rzęsisty deszcz. Było chłodno, wiał przenikliwy, ostry wiatr, który giął wysokie, wiotkie topole, napinał je i naprężał jak cięciwy łuków. W godzinę później otworzyło się niebo – intensywnie błękitne, przestronne. Powietrze zrobiło się przezroczyste, rześkie. Trwało to krótko, bo zaraz napłynęły ciemne, ołowiane chmury, wróciła szarość, a świat – w słońcu wyrazisty i plastyczny, zatarł się, spłaszczył i rozpłynął. Znowu padał deszcz.

Wielka osobowość Piłsudskiego wpływała na kształt i myśli Polski międzywojennej. Toteż kiedy kraj poniósł klęskę we wrześniu 1939, znakomity poeta – Tadeusz Peiper – jedną z przyczyn przegranej upatrywał w cechach charakteru i w filozofii Marszałka: „W naturze Piłsudskiego leżała skłonność do improwizacji. Planowanie nie było jego darem. Nawet wtedy, kiedy stawiał sobie cele odległe i dla nich organizował materiał ludzki, posuwał się naprzód impulsami. Dlatego droga jego życia nie jest drogą prostą. Dlatego to socjaliści nazywają go renegatem, a demokraci zdrajcą demokracji. Jeśli na niektórych trasach droga jego ukazuje konsekwencję, to jest to konsekwencja psychologiczna, powstająca z momentów jednolitej indywidualności. Ma się wrażenie, że był ofiarą nałogów, które obciążyły polskich literatów jego pokolenia. W żałobnych wspomnieniach pisał jego adiutant, że ogród przy dworku marszałka musiał być pozostawiony swojemu samorodnemu życiu, wolnemu od wszelkich wpływów kultury ogrodowej, że praca ogrodnicza była w nim zredukowana niemal do zera, że nie wolno było przecinać go nowymi ścieżkami, a starych nie wolno było ulepszać. I tu: wszelki wpływ na żywiołowy bieg rzeczy – wykluczony. I tu: wszelkie planowanie – nieobecne. I tu: samorodny rozwój pozostawiony samemu sobie. Ten ogród to obraz psychiki jego pana. Niestety przejawia się ona nie tylko w stosunku do ścieżek własnego ogrodu, ale i do dróg kraju. Przysłowiowe złe «polskie drogi» były dla Piłsudskiego walorem obronnym na wypadek wojny. Na nich to miały załamać się zmotoryzowane koła wroga. Pod wpływem Piłsudskiego odbywało się utrzymywanie jeszcze jednej z wielu prymitywności polskich, tak mile widzianych przez konserwatywne czynniki kraju. Pod wpływem Piłsudskiego sprawa rozbudowy nowoczesnych szos zeszła zupełnie z porządku dziennego, a zło dróg zamieniło się w dobro zesłane przez opatrzność. Jego niechętny stosunek do cywilizacji nowoczesnej sprawiał, że nie widział on wartości wojskowych w świeżych wynalazkach technicznych i że dla obrony wojennej nie szukał w nich możliwości, nieoczekiwanych dla przeciwnika. Na skutek obiekcji, czynionych przez wojskowość, nie wprowadzono do Polski radia długi czas po jego odkryciu, dopiero kiedy zagranica ukazała korzyści, jakie z niego płyną, zmieniono stanowisko. Nie przyjmował Piłsudski ani na chwilę, że możliwości bojowe jego armii mogłyby znacznie podnieść własne polskie wynalazki czynione w dziedzinie techniki. Nie wierzył w zdolności techniczne Polaków. Na międzynarodowych lotach szybowcowych otrzymali jednak Polacy pierwszą nagrodę właśnie dzięki pomysłowej konstrukcji maszyny. Piłsudski zaprosił do siebie zwycięzców, konstruktorów i lotnika. W czasie całego przyjęcia powtarzał ciągle w kółko:

– Ale żeby Polacy w konstrukcjach technicznych pobijali rekordy światowe! Żeby Polacy w konstrukcjach technicznych...!"

Paradoks losu polskiego w końcu XX wieku polega na tym, że wiele z tego, co służyło przetrwaniu narodu w przeszłości, teraz stanowi ciężar i przeszkodę:

1 – Polacy kontestowali obce, kolonialne państwa przez postawy anarchistyczne – łamanie prawa, dezorganizację itd., i te postawy się utrwaliły;

2 – sytuacja podbitego narodu utrwalała cechy, które wiążą się z czasem przeszłym – konserwatyzm, kulturę skansenu. Wszystko, co było związane z niepodległą, przedrozbiorową przeszłością, było gloryfikowanym tabu. Żadna dyskusja o innowacji nie mogła być podjęta, ponieważ wszelka krytyka była niedopuszczalna (targanie świętości, ptak, który własne gniazdo kala itd.);

3 – komunizm wzmocnił te postawy negacji, odrzucenia, tumiwisizmu, jałowego biegu. Hasła rządowe w rodzaju „Lepszą pracą uczcimy Zjazd Partii!" – degradowały i ośmieszały etos pracy, i tak już w naszym społeczeństwie niski. Źle pracować – było jedną z form opozycji wobec reżymu (wszelkie nieróbstwo zyskiwało w ten sposób rangę wzniosłości etycznej). Honor polski był honorem gestu heroicznego, pola bitwy, reduty i szańca, a nie pracy przy warsztacie i mnożenia produktów.

Przewaga Niemców i Rosjan nad Polakami jest nie tylko liczebna i nie tylko w tym, że mają więcej czołgów, bo dominują oni nad nami także dlatego, że mają silnie rozwinięty instynkt państwa, że ich prywatne, grupowe, partyjne interesy są podporządkowane nadrzędnemu interesowi państwa, a ich wewnętrzne spory milkną, kiedy trzeba to państwo umacniać lub bronić.

Nasz słaby instynkt państwowy, nasza niezdolność do myślenia kategoriami państwa, nasze klanowe zacietrzewienie, nasz kult prywaty – oto, co w rzeczywistości czyni nas słabymi i bezbronnymi wobec sąsiadów.

1.9.96

Pierwszy września!

1939: jest słoneczny, ciepły ranek. Podwórze przed domkiem wujka w Pawłowie, gdzie jesteśmy na wakacjach. Na leżaku siedzi pochylony dziadek. Jest sparaliżowany, wokół głowy ma świeżą szramę po operacji. Pamiętam go: był wysoki, szczupły, miał pociągłą, chudą twarz, porośniętą szczeciną. Dziadek laską wskazuje niebo – w górze, wysoko, w oceanie błękitu kilka srebrnych punktów. Są ledwie widoczne. Dolatuje mnie odległe brzęczenie, warkot, pulsujący szum silników. Pierwszy raz w życiu słyszę taki dźwięk. Nigdy jeszcze nie widziałem samolotu, nie słyszałem jego odgłosu.

– Dzieci! – woła dziadek mierząc szpicem laski w samoloty – zapamiętajcie ten dzień! Zapamiętajcie! – powtarza wygrażając laską nie wiem komu – nam? samolotom? światu?

Pognałem z gromadą dzieci do miejsca, gdzie na drodze przecinającej wieś, szerokiej, piaszczystej drodze zobaczyliśmy tłum ludzi. Tłum cisnął się do jakiegoś człowieka, którego głowa migała pośród dziesiątka wyciągniętych w jej stronę rąk. Posłyszałem, jak krzyczą nieznane mi słowo: szpieg! szpieg! Jeszcze dziś widzę te drapieżnie wyciągnięte ręce, zaciekłą szamotaninę, twarze rozognione, spocone, zdeformowane nienawiścią i przerażeniem. Stoję na brzegu tego kłębowiska wściekłości i szaleństwa, nic nie rozumiem i nawet nie pamiętam, czy odczuwam lęk.

Cementowy obelisk przy ulicy Elekcyjnej w Warszawie:

Tu 5 i 8 sierpnia 1944
w masowych egzekucjach
ludności cywilnej
hitlerowcy rozstrzelali
około 4000 mieszkańców Woli

Uderza mnie słowo o k o ł o. Te 4000 rozstrzelanych to ofiary anonimowe: nie znamy ich nazwisk, nic o nich nie wiemy. Ale ta nieokreślona grupa skazanych objęta pojęciem o k o ł o jest niejako anonimowa podwójnie: anonimowość sięga tu samej istoty bytu – nie wiemy, kim byli, ilu ich było i nawet – czy byli w ogóle. Do tego stopnia nie osiągnęli – w mniemaniu oprawców – statusu człowieka, że nawet nie zasłużyli na to, żeby ich policzyć. Śmierć nie jest tu wyzwaniem, nie jest krzykiem, lecz cichym i zupełnym zniknięciem kogoś, kto może w ogóle nie istniał.

Nałęczów
Jest początek lata i Nałęczów tonie w zieleni. Właśnie – tonie, ma się wrażenie zielonego potopu, który nas pochłonął.

Rzuca się w oczy jedno: ileż odcieni ma zieleń! Zieleń klonu i zieleń jodły to są barwy zupełnie różne! A jeszcze te zielenie zmieniają się w zależności od pory dnia. I od tego, gdzie jest słońce, pod jakim kątem padają jego promienie, z jakim nasileniem. Zieleń przedwiośnia i wiosny są zupełnie inne. Zieleń dojrzałego gorącego lata – znowu inna. A po niej zieleń jesieni, gasnąca. I jej znikanie na końcu roku. Właściwie – gdzie się podziewa? Co się z nią dzieje przez całą zimę? Więdnie, rozpływa się, znika. Na kilka miesięcy zapada w zimowy, biały sen.

W niedzielę chciałem dojść z Nałęczowa do wsi Rogalów. Ale zabłądziłem. W pewnej chwili spotkałem kobietę i spytałem o drogę.

– A to pójdzie pan tamtędy (wskazała ręką), tam będzie taka przełażka, a dalej już prosto.

Przełażka – pierwszy raz zetknąłem się z tym słowem, jak się okazało, znaczy tyle co kładka (kładka leżała nad wyschniętym strumykiem, na łące).

Gdy się idzie przez pola z Nałęczowa do Wąwolnicy, słychać, jak ziemia śpiewa. I nie jest to tak, że gdzieś rozlegnie się jakiś samotny głos, a gdzieś później, w innym miejscu – inny. Śpiew słychać zewsząd – z pól, ze wzgór, z mijanych zagajników. Ziemia śpiewa głosami ptaków, ale ptaków nie widać, bo świeci słońce, jest upał i kryją się one w cieniu miedz, moszczą w bruzdach, buszują w wysokich zbożach.

Ten śpiew nie milknie ani na sekundę. Z obu stron drogi dobiegają nas świergoty i trele, soprany i alty, nucenia, szczebiotania. Przez cały czas z ziemi unosi się donośna muzyka – wielostrunna, wielogłosowa kantata na ptasi chór i orkiestrę, która uprzyjemnia nam wędrówkę.

Otwarta przestrzeń – oto za czym tęskni oko. Żeby nic go nie zatrzymywało, nie ograniczało, nie więziło. Żeby nie musiało rejestrować, oceniać, wybierać, decydować, żeby było wolne i żeby bez przeszkód, swobodnie biegło przed siebie do granic horyzontu, tam, gdzie niewyraźny, przysłonięty mgiełką ścieg łączy ziemię z niebem na najdalszym krańcu świata.

Ale przede wszystkim otwarta przestrzeń – wyzwala i pomnaża nas samych. Uwolnieni ze ścisku tłumu ulicznego, z korków samochodowych, z autobusów i metra, z ciasnoty urzędów i poczekalń, z trybów miasta-maszyny, które zmełło nas na spocone, umęczone anonimowe cząsteczki wielkiej ruchliwej masy ludzkiej – odzyskujemy oddech, swobodę, kształt, tożsamość.

Nic nam nie zagraża. Niczyj łokieć, przekleństwo, obelga, strzał w plecy. Nikt nas nie próbuje wykiwać, okłamać, naciągnąć, okraść. Możemy się odprężyć, odpocząć. I mimo że już sięgamy sobą daleko – do granic horyzontu i szczytu nieba, widzimy, jak ciągle jest wiele wolnej przestrzeni i że możemy ją wypełnić sobą tyle, ile pomyślimy, ile zapragniemy, ile zdołamy.

Idąc przez ziemię pięknie rzeźbioną, różnorodną, bogatą w pagórki, doliny, drzewa i wodę, człowiek, w pragnieniach, mimowolnie zawłaszcza jej drobne ustronia, skryte odludzia, dzikie zakątki. O tu – mówisz sobie – chciałbym postawić dom. Zbudowałbym dużą werandę. Z werandy miałbym widok na zakrzewiony potok, a dalej na kępę drzew w szczerych polach. A dalej? Nic. Dalej już nie byłoby nic.

Ale za chwilę nowy zakamarek bierze górę nad poprzednim. O tu – myślisz ucieszony – tu miałbym dom, na tej otwartej polanie. Tylko trawa, polne kwiaty, ważki i świerszcze, czasem może zabłąkana sarna. A wszystko w ciemnej ramie lasu, tak litej, że nikt tu nie przejdzie.

Tak powstawały miasta świata – Ur i Mohendżo-Daro, Boston i Sydney, Paryż i Florencja: z pragnienia, żeby tu pozostać. Z nastroju, jaki ogarniał wędrowca czy żeglarza, kiedy przysiadłszy na skrawku ziemi i rozejrzawszy się wokół mówił do siebie: ładnie tu, a ja już nie mam siły dalej iść. Zostaję!

Jeżeli pójdziemy z Zarzeki na wschód w stronę Kolonii Drzewce i Piotrowic, ale pójdziemy nie szosą, tylko polnymi drogami, na skróty, zaraz znajdziemy się w miejscach bez śladu człowieka. Jak okiem sięgnąć nie ma nikogo. Nie słychać żadnych szumów i pisków, nic nie warczy, nie zgrzyta, nie wyje. Mimowolnie rozglądamy się za śladami życia. Jeżeli jest to pustynia, patrzymy, czy coś się w piasku nie ruszy – a to żuczek, a to jaszczurka. Jeżeli pejzaż arktyczny – czekamy, czy aby nie nadleci wydrzyk, nie pojawi się foka. Człowiek musi wiedzieć, że coś się porusza, jeżeli nic się nie dzieje, zaraz wymyśla sobie latające talerze, fatamorgany, czarownice, którym każe jeździć na miotłach.

A tu? W polach między Zarzeką, która została daleko, a Kolonią Drzewce, która jest hen przed nami? W tym zielonym, rozsłonecznionym pustkowiu? Wystarczy zatrzymać się i rozejrzeć. Ileż tu wszystkiego! Oto w zbożu kołyszą się fioletowe chabry. Oto dołem wiją się różowe powoje. A nad nimi chwieją się białe rumianki. I dmuchawce puszyste, i osty kolące. I pokrzywy złośliwe, i lebiody pożywne, i szczawy, szałwie, dziurawce i żółcienie. A najwięcej traw wszelkich, gęsto rozesłanych po ziemi, rosnących na polanach, na stokach wąwozów, na zacienionych odcinkach dróg.

Właśnie – drogi. Dawniej drogę polną znaczyły dwie głębokie koleiny wyżłobione w ziemi metalowymi obręczami chłopskich wozów. Spód tych kolein wypełniał piach wymielony na pył przez drewniane szprychy kół.

Pomiędzy koleinami ciągnął się trop wybity kopytami zaprzężonych do wozów koni.

Takich dróg już tu nie ma. Ich miejsce zajęły szerokie trakty wyjeżdżone grubymi oponami traktorów. Traktor jest w każdym gospodarstwie, w każdej zagrodzie. W tych stronach koń zniknął z pejzażu wsi.

Człowiek traci kontakt z przyrodą, coraz bardziej się od niej oddala (już nawet nie mówi się – przyroda, mówi się – ekologia). Kontakt z przyrodą mają albo profesjonaliści (biolodzy, ornitolodzy, leśnicy), albo hobbiści – ludzie uważani za nieszkodliwych dziwaków.

Razem z przyrodą znika ta literatura, której przyroda była tematem i bohaterem. Kto dziś czyta *Zająca* Dygasińskiego, *Z martwej roztoki* – Orkana, *Polesie* Ossendowskiego? Kto Orzeszkową, Kasprowicza, Tetmajera? Kto pamięta wierszyk Asnyka *Gdy jabłoni kwiat opada, kalina zakwita...*, Lenartowicza *Nad modrym stawem dwa dęby stały...*, Syrokomli *Niech się krzewią szczęśliwie zboża na naszej niwie...*? Kto czyta Żeromskiego *Wiatr od morza, Puszczę jodłową, Mogiłę*? Jego *Dzienniki*, gdzie tyleż o przyrodzie, co i romansach: „24 VIII 1889 (sobota). Przez cały dzień bałamuciliśmy z Łusią. Pocałunki nasze stają się coraz otwartsze i coraz namiętniejsze. Jest ich bez liku. Łusia nigdy nie broni się, pozwoliłaby na wszystko, tylko mniej ma od Heli odwagi. Całuje też sama tylko na prośbę. Mam tedy dwie prześliczne gołąbki: jedna ma szesnaście, druga osiemnaście lat, obiedwie udają miłość dla mnie, a ja tak często na dzień myślę o śmierci i rozkoszy niebytu".

Fotografie Nałęczowa z końca XIX, początku XX wieku. Jakież piękne te domy, wille, altany, ale jakże ich mało i jakie są skromne! Tymczasem zamożność i bo-

gactwo, dostatek i obfitość wyrażają się rozmiarem, rozmachem, ilością, kubaturą materii przerobionej – drew-
na, cegły, betonu, szkła. To pejzaż, w którym widoczna
jest czynna, pracowita obecność człowieka, utrwalony
jego konstruktywny wysiłek. Weźmy – z tamtego czasu
– widokówki St. Morritz, Sorrento, Alicante – toż to setki, tysiące domów, willi, pałaców. Na ich tle – jak
skromnie wygląda Nałęczów! Nasze historyczne ubóstwo, nasz marazm i ospałość również i tu znajdują swój
wyraz.

W ostatnich miesiącach byłem w kilku sanatoriach.
Pobyt w takich miejscach pozwala przyjrzeć się ludziom, posłuchać, jak i o czym mówią, popatrzeć na ich
zachowanie, sposób bycia. Przyjeżdżają tu na ogół ludzie starsi. Od razu zwraca uwagę powszechna wśród
nich zgorzkniałość, rozdrażnienie, opryskliwość. Próbowałem się uśmiechać. Na próżno. Uśmiech pogarsza sytuację – wywołuje podejrzenie: uśmiecha się nie do
mnie, ale ze mnie. W odpowiedzi na uśmiech – on/ona –
jeżą się jeszcze bardziej. Brak życzliwości, brak ciepła
dla innych. Wiem, to wynik jakichś fatalnych doświad-
czeń wrednych stosunków w pracy, chamstwa i wrogości, wszelkiej trucizny życia, która niszczyła tym ludziom codzienność.
    Tak, staram się ich zrozumieć. Że mieli szare, ubogie,
fatalne życie. Że niczego się nie dorobili. Że nie mogą
już liczyć na wiele. Rozumiem, ale nie umiem usprawie-
dliwić. Bo wyglądają tak, jakby się czuli w tej zapiekłej
niechęci dobrze, jakby ten brak życzliwości i ciepła wobec innych zaspokajał jakąś ich potrzebę i nawet był im
przyjemny. Toteż nie widać, aby chcieli się zmienić, roz-
chmurzyć, udobruchać.
    Myślę o Dostojewskim, o postaciach zapełniających
strony jego książek, o Rosjanach, którzy są ciągle „roz-

drażnieni", „poirytowani", „rozzłoszczeni", którzy chodzą „nadąsani", „obrażeni", „ponurzy".

Myślę, że ci Polacy, o których piszę, są bliżsi typowi
Rosjanina niż obywatela Zachodu. Nie ma w nich nic z
lekkości Francuza, z pogody i otwartości Włocha, z
życzliwości i uczynności Amerykanina. Zamiast tego
jest bardzo wschodnia, bardzo stepowa niechęć, za-
mknięcie i skwaszenie w twarzach, obsesyjne zaznacza-
nie dystansu wobec Innego, nieufność i chłód.

Mnich Thich Nhat Hanh celował w układaniu prostych wierszyków:

> Robię wdech i uspokajam ciało
> Robię wydech i się uśmiecham
> Przebywam w chwili obccnej
> Wiem, że to cudowna chwila.

Mnich Thich Nhat Hanh cieszył się naprawdę, ćwi-
czył głębokie oddechy, głębokie pokłony, zalecał ćwi-
czyć uśmiech i uważność, odczuwał radość:

> Moja radość jest jak wiosna,
> pod jej tchnieniem kwitną kwiaty.

O swojej drodze do szczęścia mnich Thich Nhat Hanh
napisał nawet książkę, której dał tytuł *Każdy krok niesie
pokój*. Szkoda, że droga, którą idzie, nie przecina się z
naszymi drogami.

Do tego wąwozu można wejść albo od ulicy Chmie-
lewskiego, albo Głowackiego. Wrażenie jest takie, jakby
się przekroczyło próg ogromnej katedry. Wysokie nawy
z masywnych pni dębów i buków, na tych nawach opie-

rają się wyniosłe, szerokie sklepienia z konarów i gałęzi. Poprzez gęste liście, jak przez misterne witraże opada na nas rozsypane, rozproszone światło słoneczne. Panuje jakaś uroczysta, podniosła cisza. Świat poza tym wąwozem-katedrą przestaje istnieć. A tu, wewnątrz, także nikogo – ani ludzi, ani zwierząt. Tylko ta nieruchoma, zielona pustka. Gdyby wszedł tu ktoś, kto potrafi się modlić – zacząłby się modlić.

Białowieża

Dyskusja na temat dalszych losów Puszczy Białowieskiej. Ścierają się dwa obozy, więcej – dwie kultury, dwie mentalności. Jeden obóz to pogrobowcy zbieracko-myśliwskiej epoki rozwoju społeczeństw: traktują przyrodę jako służebnicę człowieka. Jeżeli jest las – trzeba go wyciąć, jeżeli jest zwierzę – trzeba je zabić. Kiedy plemię wykarczuje las i wybije zwierzynę – wędruje dalej, aż natrafi na nowe łupy. To mentalność ludzi, dla których ziemia nie ma granic, a jej bogactwa nie mają dna i końca.

Drugi obóz to ludzie, dla których natura nie jest po prostu najzwyczajniejszą zdobyczą, ale czymś zupełnie innym – jest naszym współtowarzyszem i pobratymcem, którego obecność to warunek istnienia. Jeżeli jest las, to musi rosnąć, jeżeli jest zwierzę – musi żyć. Człowiek nie jest sam, jest częścią natury; zabijając naturę – unicestwia siebie. Oto sedno sporu o puszczę, której potężne szczątki ciągle jeszcze stoją.

Jeszcze Białowieża

Jeżeli wycięliście stary las, a na jego miejsce posadziliście nowy, to nie znaczy, że zachowaliście w naturze równowagę albo że równowaga ta zostanie przywrócona, kiedy młody las urośnie. Starego lasu nie przywróci-

174

cie nigdy. Tego sędziwego drzewostanu z jego gęstwą, cieniem i zapachem, z jego wewnętrznymi splotami, powiązaniami, zależnościami nie da się odtworzyć, skopiować, powtórzyć. Wraz z wycięciem lasu jakaś część świata ginie na zawsze.

Giną lasy świata: Brazylia, Chiny, Kamerun. W Rwandzie – kiedyś zielonej, lasy zajmują już tylko 2 procent powierzchni kraju. Wyrąb lasów trwa na wszystkich kontynentach. Ziemia jest coraz bardziej naga i bezbronna.

Wola Chodkowska
Szarość jest kolorem niszczycielskim, nie znosi niczego poza szarością, nie toleruje obecności innych kolorów, zabija je. Tam, gdzie jest szarość, wszystko jest szare, nie istnieje żaden wybór, żadna alternatywa. Przed domkiem w Woli Chodkowskiej rósł piękny rododendron. Zielony, soczysty, dorodny. Miał okazałe, duże kwiaty. O świcie przyszli ludzie, krzew wykopali, załadowali na wóz, zniknęli.

Kiedyś, dawniej, miejsce to było szare. Potem właściciele domku posadzili tu mały rododendron. Posadzili, podlewali latami. Krzak urósł, pełen kolorowych kwiatów. Szarość poczuła się zagrożona, zaatakowała – zniszczyła inność. Właśnie zgodnie z prawem, że szarość toleruje tylko szarość. Coś, co jest wielobarwne – musi zginąć. Coś, co jest lepsze – będzie unicestwione. Co jest wyższe – będzie pomniejszone. Szarość to jednolitość i jednorodność – niska, płaska, nudna, żadna, ale jakże władcza, absolutna, despotyczna! Miejsce, gdzie rósł kolorowy rododendron, jest znowu szare: szarość przywróciła tam stan pierwotny – stan szarości.

Kiedy mówi się o demokracji, zbyt rzadko zwraca się uwagę na zależność demokracji – jej siły, autorytetu i sprawności – od poziomu i rodzaju kultury społeczeństwa. A przecież niski poziom kultury osłabia demokrację, ciągnie ją w dół, nie daje jej rozwinąć się i okrzepnąć. Wszelkie dyskutowanie o szansach demokracji jest bezużyteczne, jeżeli nie towarzyszy mu ocena stanu kultury społeczeństwa, jej poziomu, jej żywotności. Przy niskim poziomie kultury społeczeństwa miejsce demokracji zajmuje jej karykatura.

Wielu naiwnych (a częściej – cwanych, chytrych) w krajach postkomunistycznych rozumie demokrację jako ustrój, w którym wszystko wolno. W rzeczywistości, w krajach o starych tradycjach demokratycznych mechanizmy kontroli, posłuchu, dyscypliny, ograniczeń itd. są bardzo silne, powszechne, ostre i sprawne, tyle że często subtelnie i niewidocznie wplecione w tkankę życia społecznego.

Pustka naszych sporów politycznych. Pustka etyczna i kulturalna. Bo nie pada w niej franklinowskie pytanie: jak zrobić coś lepiej, tylko leninowskie: kto – kogo.

Cycero: „Non intelligit quid profiteatur" (nie rozumie tego, co wyznaje). Ileż razy, słuchając różnych wypowiedzi, oświadczeń, głosów w dyskusjach, przychodzi to na myśl!

Mówię: – Jak tu u was ciemno i brudno!
Odpowiedź: – To nie nasz budynek!
A więc problemem nie jest, aby było czysto. Proble-

mem jest – kto za to odpowiada. Czyja to wina. Kwestią nie jest poprawić, kwestią jest – ustalić winowajców.

Jakże wąsko, płytko i demagogicznie pojmujemy hasło ochrony środowiska. Nasz atak kierujemy przeciwko dymiącym kominom fabryk, zatrutym rzekom, spalinom w miastach. I to jest, oczywiście, słuszne. Ale nie tylko wielki przemysł zanieczyszcza środowisko. Ochraniać i dbać o nie, to przecież także myć okna, malować odrapane ściany, naprawiać płoty, wkręcać żarówki do latarń, wietrzyć mieszkania. To chodzić w czystej koszuli, myć ręce i nogi, usuwać brudne kałuże z chodników, błoto z rynsztoków, śmieci sprzed domu. Środowisko zaczyna się w tym miejscu, w którym kończy się nasza skóra, jest w zasięgu naszej ręki.

Młody Kenijczyk, J.B., przyniósł mi do przeczytania scenariusz swojego filmu pt. „Czarno widzę". Dokument. W scenariuszu zebrane wypowiedzi Polaków świadczące, że są rasistami. Mówią o Afrykańczykach – „czarnuchy" i uważają ich za ludzi podrzędnych czy nawet nieludzi.

Dla mnie powtarzanie tezy, że wielu Polaków jest rasistami, niewiele już wnosi nowego. Ciekawszym byłoby co innego, a mianowicie zbadanie, jakimi drogami krążą stereotypy. W tym wypadku ich źródłem jest Zachód. Stereotyp „czarnucha" był potrzebny, aby uzasadnić po pierwsze – zbrodnię historyczną, jaką był trwający trzy wieki handel niewolnikami, a potem podbój kolonialny, który co najmniej w swojej pierwszej fazie był podstępny i krwawy. W żadnym z tych wydarzeń Polacy nie uczestniczyli. Dlaczego więc przejęli ideologię służącą nie ich przecież sprawie? To krążenie stereotypów jest fascynujące. Przecież w XIX wieku nasza sytuacja była zbliżona raczej do losu Afryki niż np. Szwajcarii czy Holandii: byliśmy kolonią mocarstw ościennych. Kolonie, którymi zarządzał w tym czasie Berlin: Tanganika, Polska, Rwanda-Burundi. Dlaczego to wspólne doświadczenie nie zrodziło solidarności?

Profesor Janusz Tazbir, kiedy pytam go o źródła niechęci Polaków do Afrykańczyków, odpowiada: – A niechże pan poczyta, co Polacy mówili nie tylko o Afrykańczykach, ale o innych białych, np. Niemcach, Rosjanach. Tu dopiero nie dobierali słów, nie szczędzili epitetów!

Gilbert K. Chesterton zastanawia się nad istotą świata: „Kłopot z tym światem nie polega na tym, że jest on nieracjonalny, ani też na tym, że jest zbyt racjonalny. Najczęściej spotykany problem stanowi to, że świat jest racjonalny, ale nie do końca... Najdziwaczniejszą cechą rzeczywistości jest to, że ukradkiem zbacza nagle o centymetr od wyznaczonego kursu. Wygląda to na rodzaj cichej zmowy we wszechświecie. Jabłko lub pomarańcza są na tyle okrągłe, że można je nazwać okrągłymi, ale tak naprawdę ich okrągłość pozostawia wiele do życzenia... Wszędzie napotykamy ten element nieobliczalności. Umyka on uwadze racjonalistów, ale ostatecznie zawsze wychodzi na jaw... Prawdziwość jakiejś myśli lub wizji najłatwiej sprawdzić zastanawiając się, czy uwzględniają one istnienie ukrytych i zaskakujących nieregularności w świecie".

„Pewna stara legenda indyjska mówi nam o istnieniu rzeki, której biegu nie sposób określić. Z czasem jej nurt bieży po okręgu i zaczyna wrzeć. W przepływie jej fal uderza jakiś dziwny chaos oraz bezlik przeciwieństw: spłaszczenia idą o lepsze z diamentowymi symetriami i ze zbieżnymi pasmami gładzi. To Purana; wszystko unosi ze sobą, zawsze zda się być mętna, nie ma sobie podobnej ani też bliźniaczej. Aliści jest to rzeka płynąca do samych bram Raju. W odblaskach jej fal jawi się przedsionek światła, drzewo koralowe, łańcuch o ogniwach z tygrysiego oka, błękitny Ganges, malachitowy taras, piekło włóczni, a także doskonałość pogrążona w spoczynku. Nieustanne wpatrywanie się w rzekę ujawnia jej dwoistość, przygodę bliźniaczości, a także par, które szukają ratunku w odwrocie na swoje wysepki. Drzewo naprzeciw oczu, drzewo koralowe umiejscowione naprzeciw oka tygrysa, włócznie naprzeciw tarasu, a później – znowu owe piekielne włócznie naprzeciw rajskiego tarasu z malachitu. O, jakżeśmy szczęśliwi, my, twory doczesne, mogąc postrzegać ruch jako obraz wieczności i śledzić w najwyższym skupieniu parabolę strzały, póki się nie pogrąży w linii nieboskłonu" (José Lezama Lima, *Jaskółki i kraby*).

Każden człowiek powinien korzystać ze swojego życia na tym świecie i zrobić dobrą rzecz czy postępek, bo na tamtym świecie już się mu nie uda.

Z szacunkiem
gotów do usług

K. Malewicz

(List do Pawła Ettingera, historyka sztuki, nie datowany)

Książki cytowane w *Lapidarium III*

Auden W. H., *Ręka farbiarza i inne eseje*, tłum. A. Preiss-
-Smith, PIW, Warszawa 1988

Babel Izaak, *Dziennik 1920*, tłum. J. Pomianowski, „Czytelnik", Warszawa 1990

Bobkowski Andrzej, *Szkice piórkiem*, CIS, Warszawa 1995

Brockman John, *Trzecia kultura*, CIS, Warszawa 1996

Bronowski Jacob, *Potęga wyobraźni*, tłum. S. Amsterdamski,
PIW, Warszawa 1988

Brzozowski Stanisław, *Humor i prawo. Wybrane studia kry-
tyczne*, wybór, opracowanie i wstęp T. Burek, „Czytelnik",
Warszawa 1988

Buber Martin, *Opowieści chasydów*, tłum. P. Hertz, „W drodze", Poznań 1986

Buczkowski Leopold, *Pierwsza świetność*, PIW, Warszawa
1966

Buczkowski Leopold *Uroda na czasie*, Wydawnictwo Literackie, Kraków 1970

Camus Albert, *Notatniki 1935-1959*, tłum. J. Guze, „Krąg",
Warszawa 1994

Canetti Elias, *Prowincja ludzka*, tłum. M. Przybyłowska, Wydawnictwo Dolnośląskie, Wrocław 1996

Capote Truman, *Muzyka dla kameleonów*, tłum. K. Zarzecki,
Da Capo, Warszawa 1994

Carey John, ed., *The Faber Book of Reportage* (cyt. fragment
tłum. D. I. Nowak), Faber and Faber, London 1987

181

Chesterton Gilbert K., *Ortodoksja*, tłum. M. Sobolewska, Fronda, Warszawa 1996

Cyceron, Plutarch, *Pochwała starości*, tłum. A. Twardecki, Verum, Warszawa 1993

Czechow Antoni, *Listy,* t. I, tłum. N. Gałczyńska, A. Sarachanowa, Wydawnictwo Literackie, Kraków 1988

Czuang-tsy, *Prawdziwa księga południowego kwiatu*, tłum. W. Jabłoński, J. Chmielewski, O. Wojtasiewicz, PWN, Warszawa 1953

Dönhoff Marion Gräfin, *Dzieciństwo w Prusach Wschodnich*, tłum. E. i J. Czerwiakowscy, Słowo, Berlin 1993

Eliade Mircea, *Religia, literatura i komunizm*, tłum. A. Zagajewski, Puls, Londyn 1990

Elzenberg Henryk, *Z filozofii kultury*, Znak, Kraków 1991

Gide André, *Dziennik,* tłum. J. Guze, „Krąg", Warszawa 1992

Gould Stephen J., *Niewczesny pogrzeb Darwina*, tłum. N. Kancewicz-Hoffman, PIW, Warszawa 1991

Green Julien, *Dziennik*, tłum. J. Rogoziński, PAX, Warszawa 1982

Guitton Jean, *Dziennik 1952-1956*, tłum. A. Olędzka-Frybesowa, PAX, Warszawa 1984

Heisenberg Werner, *Ponad granicami*, tłum. K. Wolicki, PIW, Warszawa 1979

Irzykowski Karol, *Cięższy i lżejszy kaliber*, „Czytelnik", Warszawa 1957

Irzykowski Karol, *Dziesiąta muza*, Wydawnictwo Literackie, Kraków 1982

Kisch Egon E., *Jarmark sensacji*, tłum. S. Wygodzki, Prasa Wojskowa, Warszawa 1949

Kluczewskij Wasilij O., *Aforizmy. Istoriczeskije portriety i etiudy. Dniewniki*, Mysl, Moskwa 1993

Lagerkvist Pär, *W sercu genesis*, tłum. J. B. Roszkowski, „Pod Wiatr", Warszawa 1992

Lanson G., Tuffrau P., *Historia literatury francuskiej w zarysie*, tłum. W. Bieńkowska, PWN, Warszawa 1963

Lechoń Jan, *Dziennik*, t. I, PIW, Warszawa 1992

Lévi-Strauss Claude, *Smutek tropików*, tłum. A. Steinberg, PIW, Warszawa 1960

Lezama Lima José, *Jaskółki i kraby*, tłum. A. Nowak, Wydawnictwo Literackie, Kraków 1986

Maimonides, *Obras médicas*, tłum. Lola Ferrere, El Almendro, Cordoba 1991

Marks K., Engels F., *Dzieła wybrane*, t. I, „Książka i Wiedza", Warszawa 1949

Mende Tibor, *Rozmowy z Nehru*, tłum. Z. Jaremko-Pytowska, „Książka i Wiedza", Warszawa 1957

Molier, *Chory z urojenia*, tłum. T. Żeleński-Boy, PIW, Warszawa 1972

Musil Robert, *Trzy kobiety*, tłum. Z. Sicińska, „Czytelnik", Warszawa 1978

Nałkowska Zofia, *Dzienniki 1930-1939*, „Czytelnik", Warszawa 1988

Panofsky Erwin, *Studia z historii sztuki*, tłum. K. Kamińska, PIW, Warszawa 1971

Parandowski Jan, *Petrarka*, „Czytelnik", Warszawa 1956

Peiper Tadeusz, *Pierwsze trzy miesiące*, Wydawnictwo Literackie, Kraków 1991

Poe Edgar A., *Opowieści niesamowite*, tłum. B. Leśmian, Wydawnictwo Literackie, Kraków 1976

Quincey De Thomas, *Ostatnie dni Immanuela Kanta*, tłum. A. Przybysławski, Oficyna Literacka, Kraków 1996

Renard Jules, *Dziennik,* tłum. J. Guze, „Krąg", Warszawa 1993

Schnädelbach Herbert, *Filozofia w Niemczech 1831-1933*, tłum. K. Krzemieniowa, PIW, Warszawa 1992

Swetoniusz, *Żywoty cezarów*, tłum. J. Niemirska-Pliszczyńska, „Ossolineum", Wrocław 1987

Thich Nhat Hanh, *Każdy krok niesie pokój*, tłum. T. Tarkowska, Jacek Santorski, Warszawa 1991

Vallentin Antonina, *Dramat Alberta Einsteina*, tłum. I. Wachlowska, J. Wieczorkiewicz, PIW, Warszawa 1957

Wilson Colin, *Outsider*, tłum. M. Traczewska, Rebis, Poznań 1992

Winniczuk Lidia, *Ludzie, zwyczaje, obyczaje starożytnej Grecji i Rzymu*, PWN, Warszawa 1983

Żeromski Stefan, *Dzienniki*, „Ossolineum", Wrocław 1980

Sprzedaż wysyłkową książek SW „Czytelnik"
prowadzi Księgarnia Wysyłkowa „Faktor"
02-792 Warszawa 78, skr. pocztowa 60
tel./fax 649 55 99

„Czytelnik", Warszawa 1997. Wydanie I
Ark. wyd. 7,3; ark. druk. 11,5
Skład: „Kolprint", Warszawa
Druk i oprawa: Drukarnia Narodowa w Krakowie
Zam. wyd. 324; druk. 123/97
Printed in Poland